Ce livre
appartient à

Fantômette

RETROUVEZ *Fantômette*
DANS LA BIBLIOTHÈQUE ROSE

Fantômette au carnaval
Fantômette et la télévision
Fantômette et le château mystérieux
Fantômette et son prince
Fantômette et les 40 milliards
Les sept Fantômettes
Fantômette et la lampe merveilleuse
Fantômette contre Fantômette
Fantômette s'envole
Fantômette ouvre l'œil
Fantastique Fantômette
Fantômette brise la glace
Fantômette et le masque d'argent
Les exploits de Fantômette
Fantômette et le trésor du pharaon
Fantômette et la Dent du Diable
Pas de vacances pour Fantômette

Georges Chaulet

Fantômette brise la glace

HACHETTE

Illustration de couverture : Caribara

Hachette Livre, 43, quai de Grenelle, 75015 Paris.

Chapitre 1

Boum !

« Es-tu sûr qu'elle est bien attachée ?

— Oui, elle ne peut pas bouger.

— Parfait ! Le rapide de 8 h 47 va passer dans trois minutes exactement... Tu entends, ma belle ? Dans trois minutes, *crac* ! Tu seras écrasée ! Ça t'apprendra à te mêler des affaires de Billy la Vengeance ! Ha, ha ! »

L'aventurière est ficelée sur la voie ferrée. Déjà, dans le lointain, un grondement annonce l'arrivée du train. Les deux bandits remontent sur leurs chevaux et s'éloignent au

petit trot. La jeune personne se tortille pour essayer de se dégager. Elle appelle au secours, mais le bâillon l'empêche de se faire entendre. D'ailleurs, la région est déserte. Seuls, quelques vautours tournent en rond sur les lieux du drame. Et voici la fumée blanche annonçant l'arrivée du train qui fonce vers Santa Fe. Il n'a plus que deux cents mètres à parcourir... plus que cent... Le rail vibre dans le dos de l'héroïne qui gigote désespérément, mais sans parvenir à se détacher ! Plus que cinq secondes... plus que trois... Maintenant, rien ne pourra la sauver !...

(*À suivre...*)

Le feuilleton télévisé s'arrête pour laisser la place à une dame qui vante les qualités de la lessive Plouf. Fantômette soupire :

« Je me demande pourquoi je perds mon temps à regarder ces feuilletons idiots ! L'intrépide Zorrotte est toujours fourrée dans des situations épouvantables, et elle s'en sort automatiquement, avec le sourire aux lèvres... Ça ne tient pas debout ! »

Elle quitte le fauteuil orange sur lequel elle s'était roulée en boule, et s'arrête devant un grand miroir ovale qui lui renvoie l'image d'une sorte de lutin vêtu de jaune, aux épaules recouvertes d'une cape de soie rouge et noir.

Sur l'écran du téléviseur, un monsieur fait admirer les couleurs de son caleçon long, puis une petite fille barbouillée de chocolat affirme qu'elle grandira vite, grâce à Cacao-lait. Elle disparaît pour laisser la place au bulletin d'informations :

« Hier soir, un avion de la ligne Winnipeg-Copenhague a disparu quelque part dans le Grand Nord, au-delà du cercle polaire. On pense que l'appareil, qui appartient à la Compagnie Avia Canada, aurait pu éventuellement se poser sur la glace de la banquise. Des recherches ont été entreprises, mais elles

n'ont jusqu'à présent donné aucun résultat. Elles sont d'ailleurs gênées par le mauvais temps... »

Fantômette s'est figée. Elle mordille le pompon qui termine la pointe de sa cagoule, puis fait claquer ses doigts.

« "Mille patates !" comme dirait Boulotte... Est-ce que par hasard... ? Non, ce serait trop extraordinaire !... Et pourtant... »

Avec la vitesse d'un satellite grimpant sur son orbite, Fantômette escalade les marches qui conduisent au premier étage. Elle s'empare d'une légère échelle métallique, la dresse, se hisse jusqu'à une trappe qu'elle soulève. Un mouvement, et la voici dans le grenier de la villa.

Habituellement, les greniers sont encombrés par une foule d'objets variés : vieux fauteuils déplumés, bicyclettes rouillées, malles remplies d'oripeaux ou de bouquins poussiéreux. Mais celui de Fantômette ne contient rien de comparable. Sur des étagères laquées, s'alignent des boîtes étiquetées avec soin, où sont rangés des cartes géographiques, des photos, des échantillons de minerais, de bois, de plantes ; ou des préparations sur des plaquettes de verre, que l'on examine au microscope. D'innombrables flacons contiennent des produits chimiques, que Fantômette utilise dans des éprouvettes ou des cornues qui occupent une table en marbre. Tout à côté, un établi est destiné aux travaux d'électricité et d'électronique. Et dans un angle, sur une tablette particulière, se trouve un poste de radio à ondes courtes construit par la jeune aventurière. Il lui permet de capter les émissions les plus lointaines : Radio Pékin ou Le Cap.

Un magnétophone y est incorporé. Fantômette appuie sur une touche, écoute avec attention l'enregistrement qu'elle a fait la veille au soir. Parmi des grésillements, des *couics* et des *pioups,* on distingue une voix lointaine, au timbre nasillard, sec, métallique. Cette voix ordonne :

« ... vol 105, écoutez-moi... dans une minute, vous allez... *bzzzz*... fusée bleue... une procédure d'atterrissage... *crac*... *crac*... avion devra se poser... *crac*... *bzzz*... obéissez, sinon... *crac*... engin sol-air *bzzz* détruira votre appareil... *cric*... *crouc*... »

Encore quelques grésillements, puis plus rien. Fantômette rembobine la bande, écoute de nouveau, éteint l'appareil.

« Un vol Avia Canada, ça pourrait bien correspondre à l'avion disparu... Si j'en parlais à Œil de Lynx ? C'est le genre de choses dont il se régale ! Oui, je vais l'appeler. »

Elle dégringole l'échelle, revient dans la salle de séjour, forme le numéro de France-Flash.

« Allô ! La rédaction ? Pouvez-vous me passer Œil de Lynx ? Excusez-moi, je ne vous entends pas bien... Il y a un bruit d'accordéon... C'est une radio qui marche dans la salle de rédaction ? C'est Œil de Lynx qui joue de l'accordéon ? Non, de l'harmonica. Oui, passez-le-moi, s'il vous plaît. » La musique s'arrête, et la voix du journaliste se fait entendre :

« Allô ! Fantômette ? Oui, je joue de l'harmonica avec le rédacteur en chef, Ricochet. Nous allons former un numéro comique pour la grande soirée de la Presse.

— Un numéro comique ? En effet, Œil, je vous vois très bien déguisé en clown, avec un nez rouge et des chaussures pointure 85. Bon, passons aux choses sérieuses. La disparition de l'avion canadien, ça vous intéresse ?

— Je pense bien ! Vous avez des tuyaux ?

— Peut-être.

— Alors, je laisse ma musique et j'arrive ! À tout de suite ! »

Fantômette raccroche et s'accoude pensivement à la fenêtre donnant sur la rue des

Roses, qui borde la villa. C'est une voie tranquille, où peu de voitures passent. Notre aventurière jette un coup d'œil distrait à une grosse fourgonnette bleu nuit, surmontée d'une longue antenne de radio, qui stationne à vingt pas de là. Une voiture de police, peut-être ? Non, le chauffeur est vêtu d'une blouse blanche. Il est occupé pour l'instant à passer un chiffon sur le pare-brise.

Fantômette revient s'asseoir dans son fauteuil orange pour réfléchir.

« La menace de tirer un engin vers l'avion pour l'obliger à atterrir... Est-ce possible ? Oui, après tout. Mais ça se comprendrait si l'avion avait franchi une frontière par erreur. Dans le Nord, près de la banquise, il n'y a pratiquement pas de frontières. Alors, qui s'amuserait à menacer un avion d'une ligne régulière ? Et dans quel but ? »

Fantômette entortille distraitement une boucle noire autour de son index. Les vitres de la fenêtre se mettent à vibrer brusquement, en même temps qu'un fracas secoue l'air.

« Encore un pilote qui passe le mur du son ! Ils vont finir par casser tous les carreaux du quartier ! »

Depuis une quinzaine de jours, des avions de combat survolent la région de Framboisy, et leurs *bangs* font la fortune des vitriers. Fantômette fait le va-et-vient dans la salle de séjour pendant un moment, puis un nouveau bruit se fait entendre. Non plus une explosion, mais une pétarade assourdissante, accompagnée d'un épouvantable bruit de ferraille. C'est de cette manière peu discrète que s'annonce la 2 CV. d'Œil de Lynx. Fantômette sort du pavillon pour accueillir le journaliste.

Il porte toujours son éternelle casquette à carreaux, et une pipe permanente.

« Salut, Fantômette ! Vous avez du neuf, on dirait ?

— Oui. J'ai enregistré un curieux message

radio, hier soir, et je voudrais que vous l'entendiez. J'ai l'impression que c'est en rapport avec l'avion disparu. Venez au grenier. »

Ils entrent dans la maison, escaladent l'échelle. Fantômette met en marche la cassette. Œil de Lynx enlève sa pipe de sa bouche pour mieux écouter le son assez faible qui sort du magnétophone :

... *crac*... avion devra se poser... *crac*... *bzzz*... obéissez, sinon... *crac*... engin sol-air... *bzzz*... détruira votre appareil... *cric*... *crouc*... »

« Par ma pipe ! Incroyable ! Ah ! ma chère, on peut dire que vous avez tapé dans le mille ! À quelle heure avez-vous fait cet enregistrement ?

— Attendez... Ce devait être un peu avant dix heures du soir.

— Ça a l'air de correspondre. De toute

façon, c'est le seul avion canadien qui se trouvait dans les parages à cette heure-là.

— Mais pourquoi l'aurait-on forcé à atterrir ?

— Là, je crois que je connais la réponse, ma chère. »

Œil de Lynx bourre sa pipe tranquillement, l'allume sans se presser, pour donner plus de poids aux paroles qu'il va prononcer.

« Je vais vous dire pourquoi il a été attaqué, cet avion. Je l'ai appris par une dépêche, il y a un quart d'heure. *Il transportait cinq tonnes d'or.* »

Fantômette laisse échapper un petit sifflement entre ses lèvres.

« Tiens, tiens !... En effet, ça explique tout !

— Ça explique du moins les raisons de l'attaque. Quant à savoir qui a organisé cet acte de piraterie... »

Il décrit un geste avec sa pipe, pour exprimer son ignorance, puis sourit.

« Ma chère Fantômette, c'est le genre de

choses dont vous vous occupez habituellement.

— Je ne peux pas tout faire, mon petit Œil ! Pour l'instant, je cherche à retrouver le "vampire des supermarchés". Je ne peux pas à la fois être en France, et courir au pôle Nord !

— Bien sûr, bien sûr. Mais il y a tout de même un renseignement que vous pouvez fournir aux enquêteurs. C'est la fréquence de l'émission radio. Si vous la connaissez, cela permettra peut-être de retrouver l'émetteur.

— Facile, je n'ai pas touché à mon poste depuis hier soir. Tenez, c'était là... »

Fantômette met en marche l'appareil, qui fait entendre les bruits habituels de friture. Puis une voix articule lentement :

« Allô ! *R* ? Ici *M.* M'entendez-vous ? Ici *M.* Répondez ! »

Fantômette sursaute.

« Cette voix ! C'est la même ! C'est celle du pirate ! »

Le journaliste et l'aventurière, très émus, penchent la tête au point de toucher le poste. Une autre voix s'élève alors, claire et forte :

« Ici *R* ! Ici *R* ! *M*, je vous entends 2 sur 5. Je vous entends 2 sur 5. À vous, *M* ! »

Fantômette fait claquer ses doigts.

« Le pirate *M* parle à quelqu'un qui est tout près d'ici, sinon la voix ne serait pas aussi forte.

— Oui, sûrement ! »

La conversation se poursuit entre le lointain *M* et le tout proche *R*. À mesure que le dialogue s'échange, Fantômette et Œil de Lynx se sentent envahis par la stupéfaction. La jeune aventurière a branché le magnétophone qui enregistre ces mots inattendus :

M. — Avez-vous retrouvé Fantômette ?

R. — Oui. Je la surveille.

M. — Où est-elle ?

R. — À Framboisy.

M. — Il faut vous en occuper tout de suite.

R. — Ne vous inquiétez pas, je m'en charge.

M. — Parfait ! Terminé !

L'émission cesse. Œil de Lynx et Fantômette se regardent avec ébahissement. Le journaliste se gratte la tempe avec sa pipe :

« Nous n'avons pas rêvé, tout de même ? Le pirate du Grand Nord vient de parler de vous ?

— Oui. Et son correspondant, le nommé *R,* doit être ici même, à Framboisy, puisqu'il a découvert l'endroit où j'habite. J'avoue que c'est assez drôle...

— Moi, ce qui me surprend, c'est que vous ayez capté cette émission juste au moment où il était question de vous. C'est une coïncidence extraordinaire !

— Non, un simple hasard. Et si ce mystérieux *R* me surveille en ce moment même, ce n'est pas surprenant qu'il parle de moi.

— En tout cas, ma chère, je trouve cela

plutôt inquiétant ! Si *R* doit s'occuper de vous, ça veut dire que vous êtes en danger.

— Bah ! je ne vais pas m'en faire pour si peu. Ce n'est peut-être qu'une vague menace... J'ai l'habitude, d'ailleurs. Et vous savez... »

BOUM ! Cette fois-ci, c'est une violente explosion qui secoue la maison, avec un bruit de verre brisé. Fantômette grogne :

« Ah ! ces avions ! Ils ne peuvent donc pas aller faire leurs manœuvres ailleurs ? Je suis sûre qu'ils m'ont démoli des carreaux ! C'est agaçant, à la fin ! Venez, descendons... »

Alors qu'ils reviennent au rez-de-chaussée, un bruit de moteur s'élève.

C'est la fourgonnette bleue qui démarre en trombe et disparaît au bout de la rue. Fantômette et son compagnon pénètrent dans la salle de séjour, où flotte une fumée grise, accompagnée d'une bizarre odeur de brûlé.

« Mille pompons ! Eh bien, c'est du joli ! Ce n'est pas un avion qui a fait ça ! »

La pièce paraît avoir subi une violente bataille. Le passage d'Attila devait donner un résultat semblable.

Non seulement tous les carreaux de la fenêtre ont volé en éclats, mais les meubles sont renversés, les vases brisés, les murs criblés de verre. Les rideaux ont été arrachés par le souffle de l'explosion, et le téléviseur n'est plus qu'un enchevêtrement de fils. Œil de Lynx s'exclame :

« Une grenade, on dirait !

— Oui, probablement. »

Fantômette court à la fenêtre, se penche pour scruter la rue. Tout au loin, elle entrevoit la camionnette qui disparaît.

« Mille pompons ! C'est la voiture de notre bonhomme ! Du mystérieux *R* ! J'ai remarqué la grande antenne de radio sur le toit du véhicule. C'est lui qui a dit qu'il se chargeait de moi !

— Poursuivons-le, vite ! »

Fantômette hausse les épaules.

« Avec votre casserole à moteur ? Vous avez déjà vu un escargot rattraper un cheval de course ? Non, inutile.

— Alors, que faut-il faire ?

— Je n'en sais absolument rien. Mais je vous garantis, mon petit Œil, que celui qui est responsable de ces dégâts, qu'il s'appelle *M*, *R* ou *Z*, qu'il habite le pôle Nord, le pôle Sud ou l'Amazonie... je vous garantis qu'il va me payer tout ça, sinon je ne m'appelle plus Fantômette ! »

Chapitre 2

Zim ! Boum ! Boum !

« Aaaah ! Quel épouvantable malheur ! Ça, c'est la fin des catastrophes ! »

La grande Ficelle regarde d'un air accablé la tache qui s'étale sur le devant de son bel uniforme vert. Un uniforme de majorette.

« C'est une tache d'huile ! J'ai dû attraper ça dans la cuisine ! Sûrement l'huile de tournedos dont Boulotte se sert pour assaisonner ses confitures ! »

D'un pas vengeur, la grande fille se rend dans la cuisine, et apostrophe son amie qui

est très occupée à faire cuire un œuf dans une casserole :

« Regarde ce que tu as fait, espèce d'huileuse ! Il est beau, maintenant, mon uniforme ! J'ai l'air d'avoir vidangé un moteur de camion ! »

La grosse Boulotte hoche la tête.

« C'est pas de l'huile.

— Comment, *c'est pas de l'huile* ? »

Boulotte s'approche de Ficelle, flaire la tache et déclare :

« C'est de l'eau.

— Impossible ! Je ne touche jamais à l'eau.

— C'est vrai, tu ne te laves pas souvent. Pourtant, je t'assure que c'est de l'eau. Tout à l'heure, j'ai entendu que tu faisais couler le robinet...

— Ah ! oui, tu as raison. Je voulais vérifier le principe d'Archiprêtre... Archipel... Archimède... Tu sais : "*Tout corps plongé dans un liquide en ressort mouillé.*" Attends, je vais te montrer. Tiens, sors ton œuf de la casserole... »

Mais Boulotte défend son œuf avec vigueur. Un coup de sonnette interrompt cette bataille. Ficelle va ouvrir, et se trouve en présence de la brune Françoise. Celle-ci n'a pas les yeux dans sa poche, car elle remarque tout de suite :

« Tu as fait une tache à ton uniforme ?

— Oui, mais c'est de l'eau. Figure-toi que je voulais vérifier le principe d'Architecte... non, de...

— Tu vérifieras une autre fois. Vous n'êtes pas encore prêtes, vous deux ? Je vous rappelle que nous défilons dans une heure.

— Dans une heure ? Mais non, il est seulement midi...

— Ta montre est arrêtée, ma grande. »

Ficelle écoute sa montre, constate que le tic-tac ne se fait pas entendre. Du coup, elle s'affole.

« Boulotte, tu n'es pas encore prête ! Tu me

fais perdre tout mon temps, avec ton Archimachintruc ! Vite, laisse tomber ton œuf et habille-toi ! Nous allons rater le défilé ! »

Boulotte abandonne son œuf à regret, revêt son uniforme et sort avec ses deux amies. Un quart d'heure plus tard, elles rejoignent les autres majorettes de Framboisy au parc Mironton, point de départ du défilé. La tache d'eau ayant heureusement disparu, la grande Ficelle peut prendre place dans les rangs de ses camarades et lever haut le genou, lorsque à quinze heures éclate la Marche des petits soldats de carton, jouée avec dynamisme par l'Harmonie municipale de Framboisy.

Zim ! Boum ! Boum !... Pon-pon, pon-pon.

Les majorettes défilent fièrement dans l'avenue principale, en faisant tournoyer leur bâton. De temps en temps, Ficelle laisse tomber le sien, mais elle se baisse vivement pour le ramasser et reprend la cadence, avec l'air sérieux de quelqu'un qui se livre à un important travail.

Sur la place Théodore-Théophile, se dresse une estrade enrubannée, garnie de drapeaux japonais et de fleurs. Pourquoi japonais ? Parce que Framboisy va être jumelée avec une ville du Japon, Pyjama. Et ce jumelage donne lieu à des fêtes dont l'ornement principal est constitué par l'armée des majorettes.

On peut donc admirer sur l'estrade M. le maire de Framboisy, accompagné de son épouse et des membres du conseil municipal. Mais la population contemple surtout la délégation japonaise, conduite par le président de l'Association Paris-Tokyo, l'honorable Okarina. Il a avec lui trois ravissantes Japonaises en costumes traditionnels. La première porte un kimono de soie rouge orné de broderies, la deuxième est en bleu, la troisième en jaune. Elles ont piqué dans leur chevelure de longues épingles en ivoire. D'une main, elles tiennent de petites ombrelles rondes en papier peint. L'autre

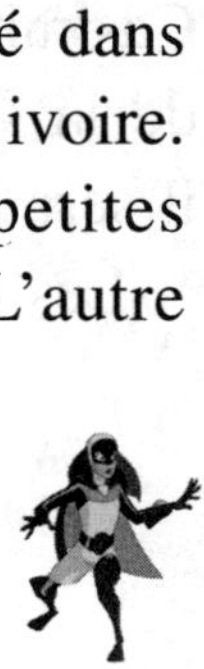

main leur sert à agiter gracieusement des éventails multicolores.

Sous les bravos du public, les majorettes se rangent devant la tribune, tandis que la fanfare écorche l'hymne japonais. Puis M. le maire prononce un grand discours de bienvenue pour célébrer l'amitié qui unit le Japon et la France.

M. Okarina s'incline alors courtoisement, et répond qu'il est au service de l'amitié franco-japonaise, mais que sa modeste personne ne mérite pas les honneurs qu'on lui rend. On applaudit, et les majorettes lèvent de nouveau la jambe pour retourner vers le parc Mironton. En cours de chemin, elles défilent devant le musée d'Art framboisien, pavoisé aux couleurs japonaises. Il y a dans cet édifice un tableau précieux : le portrait de Casimir Liton, sire de Framboisy et fondateur de la ville, qui va être envoyé à Pyjama où il sera exposé.

Les majorettes arrivent enfin au parc, où

une citronnade bien méritée leur est servie. Ficelle jette autour d'elle des regards triomphants. Elle s'écrie :

« Vous avez vu comme on m'a applaudie ? J'ai été le point de cible de toutes les oreilles ! Vous avez remarqué comme M. Ocaramel m'a regardée ? Il s'est rendu compte que je suis la meilleure majorette des temps modernes et de Framboisy ! »

Comme Ficelle achève cette déclaration pleine de modestie, un motocycliste s'approche, une grande enveloppe à la main. Il demande :

« Y a-t-il ici une demoiselle Françoise, Boulotte ou Ficelle ? »

Notre grande fille s'avance, brandissant son bâton.

« Ficelle ? C'est moi ! Je suis l'incomparable Ficelle ! La seule, la vraie, l'unique ! Se méfier des imitations !

— Bon. Alors, prenez... »

Ficelle saisit l'enveloppe et remercie. Boulotte et Françoise s'approchent pour examiner le papier que Ficelle est en train de déplier. C'est une feuille portant l'en-tête *Secrétariat d'État à la Promotion internationale, 17, rue des Abeilles, 75015 Paris.* Ficelle lit à haute voix :

« *Mesdemoiselles,*

« *Notre Secrétariat a eu le plaisir de constater que vous figurez parmi les meilleures majorettes de France. En conséquence, il nous est agréable de mettre à votre disposition trois billets d'avion pour le parcours Paris-Tokyo. Vous aurez donc l'honneur de représenter notre pays aux fêtes qui célébreront le jumelage de Framboisy et de Pyjama. Vous prendrez l'avion d'Air Orient, vol 306. Nous vous souhaitons bon voyage.* »

La grande fille se met à pousser des

hurlements de joie, à gambader, à sauter comme si elle faisait tourner une corde invisible.

« Je suis la meilleure majorette du monde ! Pour me récompenser, on m'invite au Japon ! Houâââââ ! C'est fantastique ! C'est limpide ! »

Et elle ajoute, brandissant sa canne chromée :

« Ce bâton est le plus beau jour de ma vie ! »

« Récapitulons... l'appareil-photo, le magnétophone, la brosse à dents, le manuel de conversation franco-japonaise, le costume de majorette... Méphisto, as-tu fini de te fourrer dans mes jambes ? Tu vois bien que je suis occupée ! »

Fantômette s'active pour préparer son sac de voyage, malgré les efforts que déploie le chat pour se faire remarquer.

Afin d'obtenir la paix, Fantômette

l'emporte jusqu'à la cuisine, et le dépose devant une assiette de Miaou.

Sonnerie de téléphone. Fantômette se rend dans la salle de séjour, décroche.

« Allô ! Fantômette ? Ici, Œil de Lynx. Comment ça va, chez vous ? Pas de nouvelles bombes ?

— Non, pas pour l'instant. Mais je me méfie, je garde les volets fermés. Et puis mon saboteur ne pourra plus rien me faire : je pars pour le Japon !

— Hein ? Mais moi aussi ! Je vais réaliser le reportage sur l'arrivée du tableau. Vous savez, *Le Sire de Framboisy* ?

— Alors, nous allons voyager ensemble, mon cher Œil. Je serai dans le même avion. Nous sommes trois majorettes invitées à participer aux fêtes du jumelage.

— Bravo ! Et qui vous a invitées ?

— Attendez, je prends le papier... »

Fantômette saisit la lettre qui accompagne les billets d'avion, et lit :

« C'est le secrétariat d'État à la Promotion internationale. Vous connaissez, Œil ?

— Non, ma chère, cela ne me dit rien... C'est à quelle adresse ?

— Dans le 15e arrondissement, rue des Abeilles.

— Ça ne me dit rien non plus...

— Attendez, Œil, je vérifie... »

Fantômette repose l'écouteur, prend dans un tiroir un guide de Paris, le feuillette, fronce les sourcils.

« Allô ! Œil ?

— Oui ?

— C'est curieux... Je viens de regarder le guide de Paris... et la rue des Abeilles n'y figure pas !

— Diable ! Qu'est-ce que cela veut dire ? Les billets d'avion sont-ils bons, au moins ?

— Oui, on dirait. Bah ! après tout, peu importe d'où ils viennent ! Qu'ils me soient envoyés par Pierre, Paul ou Bastien, “je ne m'en soucie guère", comme dit la chanson. Je vais au Japon, voilà tout !

— Méfiez-vous tout de même, Fantômette !

— Entendu, mon cher Œil. Je ferai attention aux grenades, aux bombes et aux courants d'air ! »

Chapitre 3

Patatras !

Dans la salle d'embarquement de l'aérogare, trois filles sont assises sur d'épaisses banquettes de cuir bleu. L'une se regarde dans une petite glace de poche, pour vérifier si ses cheveux noirs sont bien bouclés. La deuxième ouvre une boîte de pastilles de menthe qu'elle vient d'obtenir en glissant une pièce dans un distributeur. La troisième regarde autour d'elle en poussant de temps en temps des exclamations.

« Oh ! dites donc ! Vous avez vu ces deux

messieurs qui portent des chapeaux verts avec une petite plume ? »

Et Ficelle donne un coup de coude dans les côtes de Françoise qui demande :

« Eh bien, qu'ont-ils de spécial ?

— Ce sont sûrement des Allemands. Je vais vérifier si mon flair est aussi affiné que celui d'un basset... »

La grande Ficelle se rapproche des voyageurs et tend l'oreille pour écouter leur conversation. Elle saisit quelques mots :

« Il faisait vraiment chaud à Bruxelles, mais ici la température est meilleure... »

Un peu dépitée par son manque de flair, Ficelle revient s'asseoir sur la banquette et ouvre un carnet en déclarant :

« J'ai étudié la politesse raffinée des Japonais, et j'ai noté ici des formules formidablement utiles. Quand le président Okanari va arriver, j'irai le saluer avec une courtoisie gigantesque ! »

Ficelle étudie son carnet pendant trois

longues secondes, puis son regard se porte vers un spectacle qui se déroule à l'extérieur, sur une des pistes cimentées. Près d'un gros avion, stationne une fourgonnette entourée de policiers armés. Les portes du véhicule sont ouvertes, et des employés de l'aéroport s'activent pour décharger une grande caisse plate. Ficelle arrondit ses yeux, tend l'index et demande :

« Qu'est-ce que ça peut bien être ? Sûrement une caisse de valeur, puisqu'il y a de la police autour...

— Peut-être du foie gras truffé ? » suggère Boulotte.

Françoise secoue la tête.

« Non, pas du tout ! Vous ne devinez pas ? »

Ficelle plisse son front, comme si elle cherchait la solution d'un problème de mathématiques compliqué (*trois fois deux,* par exemple).

« Ah ! j'y suis ! Cette caisse a une forme

allongée. Donc, elle doit contenir des balais ou des râteaux.

— Grande nouille ! C'est le portrait du sire de Framboisy qui se trouve à l'intérieur.

— Le tableau ? Oh ! je m'en doutais bien, tu sais... J'avais deviné tout de suite, mais je ne voulais pas le dire. »

À peine Ficelle a-t-elle débité ce gros mensonge, qu'un mouvement se fait dans le hall. Des éclairs scintillent : c'est un reporter qui photographie de nouveaux arrivants. On voit apparaître le président Okarina, suivi des trois ravissantes Japonaises en kimono. Ficelle prend une grande inspiration pour se donner de l'assurance, se lève, va au-devant du président et s'incline d'un coup sec, comme une baguette de bois que l'on casse en deux. Puis elle déclare :

« Mon insignifiante personne est confuse d'oser se présenter devant Votre Honorabilité. Et l'audace du lamentable déchet que je suis fait monter le rouge de la confusion jusqu'à mes pieds ridicules. Ma stupide personne devrait se cacher au fond d'un trou bien noir, au lieu de salir votre vue incomparable, en restant plantée devant Votre Suprématie, comme une asperge de mauvaise qualité vendue dans une boutique malodorante. »

Sans montrer sa surprise, le Japonais s'incline en souriant et dit simplement :

« Vous êtes bien aimable, mademoiselle. »

La voix sucrée d'une hôtesse se fait alors entendre dans les haut-parleurs :

« Vol 306 pour Tokyo, embarquement immédiat, porte 8... »

Tous les passagers se lèvent pour se diriger vers un portillon qui permet de sortir de la salle d'embarquement.

Ravie d'avoir été complimentée, Ficelle confie à Françoise :

« Tu as vu ? Le président Okinawa a dit que je suis grotesquement aimable ! J'ai bien fait d'apprendre les bonnes manières japo-

naises. Je vais maintenant m'entraîner à chercher d'autres expressions pour me qualifier.

« Je pourrais dire, par exemple que je suis une minable épluchure, une piteuse nullité ou une repoussante horreur... »

Un par un, les voyageurs passent le portillon sous l'œil attentif d'une hôtesse de l'air, qui les surveille, comme Mlle Bigoudi lorsqu'elle fait mettre ses élèves en rang pour entrer en classe. Puis ils s'engouffrent dans un tunnel qui donne directement accès à l'avion. Au moment de pénétrer dans l'appareil, Ficelle se trouve en présence d'une nouvelle hôtesse qui lui tend la main. La grande fille saisit cette main avec empressement, la secoue et annonce :

« Ah ! mademoiselle l'hôtesse du ciel, je suis très heureuse d'entrer dans votre avion incomparable. C'est un immense honneur que vous faites à mon insignifiante personne qui ne vaut pas grand-chose ! »

L'hôtesse sourit alors et dit :

« Voulez-vous me remettre votre carte d'embarquement, s'il vous plaît ?

— Ma carte. Ah oui, le carton rectangulaire ? Où est-ce que je l'ai fourré, celui-là ? »

Derrière Ficelle, Françoise répond : « C'est moi qui les ai, les cartes. J'ai pris la tienne pour que tu ne la perdes pas.

— Oh ! moi, je ne perds jamais rien ! Où est mon mouchoir ? Qu'est-ce que j'ai fait de mon mouchoir ? »

Les trois filles s'installent enfin sur leur siège. Ficelle assied sa ridicule personne près d'un hublot pour pouvoir admirer le paysage ; Boulotte déplie le papier d'un caramel qui a très bon goût, mais qui est très mauvais pour les dents ; et Françoise examine les passagers qui continuent d'entrer dans la cabine, en pianotant nerveusement sur son accoudoir. Ficelle remarque cette impatience et dit d'un ton ironique :

« Tu ne te sens pas bien, hein ? Tu voudrais que nous soyons déjà arrivées, hein ?

— Ce n'est pas ça. Je suis ennuyée parce que le journaliste Œil de Lynx devait être du voyage, et je ne le vois pas...

— Il va au Japon, lui aussi ?

— Oui, pour faire un reportage sur *Le Sire de Framboisy,* les cérémonies du jumelage avec Pyjama, et... Ah ! le voilà ! »

Une pipe vient en effet d'entrer dans l'avion, suivie d'une casquette qui surmonte la tête du journaliste. Derrière lui, l'hôtesse referme la porte et la verrouille. Le reporter serre les mains des deux filles qu'il a déjà rencontrées à plusieurs reprises, lorsqu'elles combattaient le Brigand ou la Grosse Bête. Puis il s'assied sur un fauteuil voisin et boucle sa ceinture, obéissant à l'ordre qui vient de s'inscrire sur un panneau lumineux. Des haut-parleurs diffusent une musique douce. Boulotte avale son caramel et demande :

« Quand est-ce qu'on va manger ? J'ai une de ces faims ! »

La musique s'interrompt et une voix féminine annonce :

« Le commandant Volovent vous souhaite la bienvenue à bord du *Confiance* d'Air Orient. Nous volerons à une altitude moyenne de 30 000 pieds, et atterrirons demain à Tokyo, à 17 h 20, heure locale. Éteignez vos cigarettes, s'il vous plaît. »

Ficelle demande à Françoise :

« Je n'ai pas de cigarette. Comment faire pour l'éteindre ? »

Un grondement s'élève, qui se transforme en sifflement. Ce sont des réacteurs que l'on met en marche. Puis une légère secousse se produit et l'avion commence à rouler avec des vibrations, des balancements comparables à ceux d'un train. Boulotte entame un nouveau caramel, et Françoise regarde défiler les bâtiments de l'aéroport à travers un hublot.

Ficelle pousse soudain une exclamation et murmure d'un ton angoissé :

« Ciel bleu ! J'ai oublié mon bâton de

majorette ! Il est resté dans ma chambre, sous le lit ! »

Françoise hausse les épaules.

« Mais non, ma petite grande. Je t'ai vue le mettre dans ta valise, tout au fond. Tu as même dit que c'était la première chose à ne pas oublier.

— Tu es sûre ?

— Absolument. Aussi vrai que ta boîte crânienne est vide.

— Bon, alors je suis rassurée. »

L'avion s'arrête un moment en bout de piste, puis le bruit des réacteurs s'accentue. Les passagers sentent que leur dos s'appuie fortement contre les dossiers, en même temps que la vitesse s'accroît. Les secousses cessent, et la cabine se cabre fortement. L'avion s'élève.

Boulotte déclare qu'elle a de plus en plus faim, et entame un nouveau caramel en attendant l'arrivée d'un plateau-repas. Françoise bavarde avec Œil de Lynx. Ficelle regarde à travers un hublot pour observer la terre, mais elle ne voit qu'une étendue de nuages illuminés par le soleil.

« On ne voit rien ! J'espérais qu'on aurait pu apercevoir Framboisy, et le haricot que j'ai planté sur le rebord de ma fenêtre... Tant pis ! En tout cas, je regarderai les éléphants quand nous survolerons l'Afrique... »

Françoise sourit.

« En guise d'Afrique, nous allons survoler le pôle Nord. Si nous trouvons des éléphants, je veux bien être changée en moulinette à légumes ! »

Une heure plus tard, les hôtesses font circuler dans l'allée un chariot où s'empilent des journaux et des revues, puis, une demi-heure après, elles circulent avec des plateaux-repas, au grand soulagement de Boulotte qui propose même à sa voisine de manger sa part.

Ficelle proteste :

« Ma nauséabonde personne a le droit d'ingurgiter ces mets exquis ! Sinon, je deviendrai maigre comme une tige de bambou, et... »

Les hôtesses se dirigent à grands pas vers le poste de pilotage où elles disparaissent. L'indication *Attachez vos ceintures* s'allume. Françoise regarde sa montre...

« Comment ? Nous nous posons déjà ? Après trois heures de vol seulement ? C'est curieux... L'escale ne doit avoir lieu que bien plus tard... Que se passe-t-il ? »

Un changement dans le bruit des réacteurs, et un léger basculement de l'avion indiquent qu'il commence à descendre. Une voix s'élève des haut-parleurs :

« Mesdames, messieurs, en raison des conditions météorologiques, nous allons faire une escale supplémentaire. Éteignez vos cigarettes, s'il vous plaît. »

Françoise fronce les sourcils et sort d'une

petite poche un atlas miniature qu'elle feuillette.

« Une escale ? Curieux, ça... D'après notre temps de vol et notre vitesse, nous devons être quelque part près du cercle polaire... Il n'y a aucun aérodrome dans cette région, que je sache... »

Ficelle hausse les épaules.

« Tu ne prétends pas en savoir plus que le commandant Volovent, tout de même ? S'il a envie d'atterrir, ce monsieur, il faut le laisser faire ! »

Lorsqu'il volait au-dessus des nuages, l'avion se trouvait en plein soleil. Maintenant qu'il est descendu, il se trouve à l'ombre sous les nuages. L'air devient gris, brumeux. En bas, il y a une immense étendue blanche, déserte : la banquise. Des milliers de kilomètres carrés couverts de glace. Pas un arbre, pas une maison. Ficelle regarde vers le bas et s'exclame :

« On va atterrir là ! Ça m'a l'air bien vide ! Je ne vois pas la moindre boutique de chaussures...

— Aucune confiserie en vue ! » ajoute Boulotte.

Françoise hoche la tête.

« Cette escale est vraiment surprenante... Et la météo ne semble pas tellement mauvaise... Qu'en dites-vous, Œil de Lynx ?

— Oui, c'est bizarre. Je me demande bien pourquoi nous nous posons. »

À mesure que l'avion descend, on commence à distinguer les détails du relief. D'en haut, la banquise semblait plate. Mais, quand on s'en rapproche, certaines irrégularités deviennent visibles. Il y a là des crevasses, des creux et des bosses. Des amas de neige : les congères. Au milieu de cette région désolée, apparaissent deux lignes de points orange surmontés de panaches noirs : des récipients où brûle du pétrole, qui délimitent une piste d'atterrissage. Françoise entortille pensivement une de ses boucles noires autour d'un index.

« C'est vraiment un terrain improvisé ! Une escale inattendue. J'ai l'impression qu'il y a du louche dans tout ça... Je me demande si par hasard... »

Elle repense à la disparition de l'avion-cargo dans le Grand Nord. Le même phénomène est-il en train de se reproduire ?

L'avion se rapproche du sol. Des trépidations indiquent que le pilote vient de sortir le train d'atterrissage. Ficelle ouvre les yeux pour tenter d'apercevoir un éléphant, mais elle ne voit que du blanc. Encore quelques secondes, et le quadriréacteur va se poser...

Une secousse, des vibrations... Les moteurs se mettent à rugir, et la cabine est secouée comme un bateau en pleine tempête. Ficelle grogne :

« On se croirait dans le métro ! »

L'avion zigzague sur une surface irrégu-

lière, dérape, tourne sur lui-même, tressaute, s'incline, se redresse, se penche à nouveau, heurte une congère, virevolte, ralentit, frappe un bloc de glace et finit par s'immobiliser après un dernier soubresaut...

Chapitre 4

Broum-broum-broum

Il y a eu des cris d'effroi. Ficelle s'est agrippée à Boulotte en gémissant :

« Je sens que ma dernière demi-heure est venue ! »

Puis, lorsque l'avion s'est arrêté, tout le monde a poussé un soupir de soulagement.

Le commandant Volovent sort rapidement du poste de pilotage et vient voir s'il n'y a pas de blessés. Non, il n'y en a pas : on en est quitte pour la peur. Mais les passagers commencent à trouver que cette escale impré-

vue était bien dangereuse. L'un d'eux se lève et demande :

« Commandant, j'ai l'impression qu'il se passe quelque chose d'anormal. Nous ne sommes pas sur un aérodrome ?

— En effet. Cet atterrissage nous a été imposé. Mais ne vous inquiétez pas, il n'y a aucun danger.

— Pouvons-nous sortir pour voir ce qui se passe à l'extérieur ?

— Non, il fait trop froid. Que tout le monde reste à bord. Avec mon équipage, je vais jeter un coup d'œil au-dehors. »

Le commandant revient dans la cabine. Lui et ses hommes enfilent des vêtements en fourrure épaisse, qui sont justement prévus en cas d'atterrissage dans les régions polaires. Lorsque l'hôtesse fait basculer la porte, un souffle glacial tourbillonne dans la cabine. Ficelle fait la grimace.

« *Brrr* ! On se croirait sur la banquise !

— Mais *nous y sommes* ! » dit Françoise.

L'équipage sort de l'avion et tourne autour pour étudier sa position. L'appareil a glissé sur près d'un kilomètre avant de s'enfoncer à moitié dans un amas de neige. Les jambes du train d'atterrissage sont tordues, et l'extrémité d'une aile s'est pliée. Le commandant Volovent gratte le bout de son nez sur lequel commence à se former une stalactite. Il grommelle :

« Aïe, aïe, aïe ! Ça se présente rudement mal... Avec ce train faussé, nous ne pourrons pas repartir... Et faire une réparation sur place, ce me semble impossible... »

Il examine les alentours, qui sont absolument déserts. On ne voit, à l'infini, que de la neige et de la glace.

Loin en arrière, les feux de pétrole continuent de brûler en crachant des panaches de fumée. Le radio s'approche du commandant et dit :

« Tout de même, les gens qui nous ont donné l'ordre d'atterrir doivent bien être quelque part ?

— Oui, évidemment. Mais je n'ai pas l'intention d'aller à leur recherche. Attendons qu'ils se présentent et qu'ils nous fournissent des explications. D'ailleurs, nous ne pouvons rien faire d'autre. »

Le commandant et ses hommes reviennent à bord de l'appareil. Les passagers posent aussitôt des questions :

« Que se passe-t-il ?

— Où sommes-nous ?

— Allons-nous rester longtemps ? »

Une grosse dame menace le commandant de l'index :

« Je suis la cantatrice Maria Cariatre ! Je dois donner un récital à Tokyo ! Des milliers d'admirateurs m'attendent, et je me demande ce que nous faisons ici !... »

Le commandant prend un micro pour s'adresser à l'ensemble des passagers. Il déclare :

« Mesdames, messieurs. Je pense qu'une mise au point est nécessaire. Pendant le vol, j'avais parlé d'une escale due à des conditions météorologiques, afin que personne ne s'affole. Mais, maintenant, je peux parler. Nous venons d'être les victimes d'un détournement.

— Un détournement ! s'écrie la cantatrice. Mais où sont donc les pirates ? Ils ne sont pas allés dans le poste de pilotage pour vous menacer ?

— Non, madame. Ils sont encore plus forts que cela. Les pirates se trouvent au sol, quelque part dans les environs. »

Œil de Lynx, qui prend des notes fébrilement, demande :

« Comment ces pirates ont-ils pu vous obliger à atterrir ?

— Par radio, ils m'ont menacé de tirer une fusée contre l'avion. Ils m'ont également interdit de lancer un message pour signaler notre position. Si je n'avais pas obéi, nous aurions explosé. »

Il se produit un instant de silence, puis Ficelle ose demander :

« Qu'est-ce qui va nous arriver, maintenant ? On va nous libérer contre une rançon ? Je vous préviens tout de suite que je ne vaux pas cher. Je suis un misérable débris tout juste bon pour la poubelle !

— Il ne faut pas vous inquiéter, mademoiselle. D'ailleurs, nous allons maintenant lancer un appel par radio, puisque nous ne risquons plus de recevoir une fusée. »

Le commandant revient vers le poste de pilotage en écartant les passagers qui encombrent le couloir central. Il se heurte à un homme barbu, à cheveux roux, qui demande :

« Ah ! commandant, je voulais vous poser une question. Pouvons-nous tenir le coup longtemps ? Y a-t-il de la nourriture à bord ?

— Oui, nous pouvons attendre pendant vingt-quatre heures au moins. Le temps que les secours arrivent.

— Oh ! très bien. »

Boulotte a entendu la question posée par le passager. Elle confie à Françoise :

« J'allais demander la même chose au commandant. C'est important, ça, de savoir si nous avons de quoi manger ! Mais, si personne n'est venu d'ici deux jours, nous serons obligés de sucer de la glace ! »

Le commandant entre de nouveau dans le poste de pilotage, suivi par le radio qui retire son lourd vêtement et s'assoit devant l'émetteur. Il appuie sur les boutons et grogne :

« Quelque chose ne va pas... Je n'ai aucune émission... Pas le moindre son... On dirait qu'il y a une panne... Ce sont peut-être les chocs de l'atterrissage qui ont détraqué les circuits... »

Il dévisse un panneau et pousse un cri :

« Oh ! regardez ! On a arraché des transistors, des condensateurs... les fils sont coupés. »

Le commandant s'approche, regarde et serre les poings.

« C'est un sabotage ! Quelqu'un veut nous empêcher de lancer des messages.

— Mais qui ? Et quand a-t-on fait ça ? Le poste fonctionnait encore il y a dix minutes, puisque nous avons reçu le message des pirates !

— Ça vient d'être fait, pendant que nous étions dehors. Quelqu'un a dû entrer dans le poste... Il faut contrôler... Je vais interroger les passagers qui sont à l'avant. »

Le commandant sort, s'apprête à poser des questions, quand un grondement s'élève à l'extérieur. Un bruit de moteur. Ficelle aplatit son nez contre un hublot et dit :

« J'entends un bruit de tracteur... ou de camion... ou d'hélicoptère...

— C'est plutôt un batteur à œufs », suggère Boulotte.

Sur la plaine blanche, on voit alors surgir quatre machines, se déplaçant en file indienne, qui ressemblent à des motos sans roues. Françoise déclare :

« Je sais ce que c'est. Des motoneiges. Il y a des petits skis à l'avant, et une chenille à l'arrière. C'est très pratique pour se déplacer dans le Grand Nord.

— Et les bonshommes qui sont dessus, demande Ficelle, ce sont les pirates ?

— On dirait. »

Les motoneiges s'arrêtent, et leurs pilotes mettent pied à terre. Ils sont enveloppés dans des vêtements fourrés, et armés de carabines. Le commandant Volovent serre les dents et dit :

« Nous allons savoir ce que veulent ces brigands. S'ils n'étaient pas armés, je leur flanquerais une de ces tripotées ! »

Les bandits s'approchent. Le commandant, qui a fait rouvrir la porte, les attend en contenant sa colère.

L'un des nouveaux venus agite la main et lance :

« Bonjour, commandant Volovent ! Charmé de vous rencontrer.

— Pas moi ! Pourquoi avez-vous obligé notre avion à se poser ? Que voulez-vous ?

— Oh ! peu de chose. Simplement une caisse qui se trouve dans la soute à bagages.

— Quelle caisse ?

— Celle qui contient un tableau célèbre : *Le Sire de Framboisy.* »

La stupéfaction rend un instant le commandant muet. Puis il s'exclame :

« Vous nous avez forcés à atterrir pour voler *Le Sire de Framboisy* ?

— Parfaitement. Et si vous refusez de le donner, nous mitraillerons l'avion. »

Une rumeur de surprise et d'inquiétude parcourt la cabine. Les pirates veulent le tableau ! Et si on ne le leur remet pas, ils vont tirer ! Ficelle balbutie, d'une voix aussi blanche que le paysage :

« Il n'y a qu'à la leur donner, cette peinture !.. Après tout, elle est... elle est bien vieille ! Elle ne doit pas valoir grand-chose... »

La cantatrice Maria Cariatre s'exclame :

« Eh bien, donnez-le, ce portrait, puisqu'on vous le demande poliment. Et finissons-en ! Mes admirateurs m'attendent à Tokyo.

— Oui, oui ! crient les autres passagers, on ne tient pas à se faire tuer pour un vieux bout de toile barbouillée ! »

Œil de Lynx écoute ces propos en prenant toujours ses notes. Tranquillement assis, le président Okarina sourit comme s'il était au milieu d'un salon. Il est parfaitement calme, tout comme les trois jolies Japonaises qui semblent également ignorer le tumulte environnant.

Le commandant consulte son équipage, puis se décide.

« La sécurité de mes passagers passe avant tout. Nous allons ouvrir la soute et vous pourrez prendre la caisse.

— Parfait ! dit le pirate, je vois que vous êtes compréhensif. Avec un peu de bonne volonté, on finit toujours par s'entendre. »

Le personnel passe à l'arrière et fait basculer le panneau d'ouverture de la soute à bagages. C'est à cet instant qu'un nouveau grondement de moteur se fait entendre, encore plus puissant que les précédents, qui rappelle le vacarme produit par un char de combat. C'est en effet une sorte de char qui apparaît, dans un nuage de neige. Un engin du volume d'un camion, « rectangulaire comme un paquet de sucre » (fait remarquer Boulotte), monté sur des chenilles. C'est un véhicule utilisé dans les expéditions polaires, que l'on surnomme « chat des neiges ».

Ficelle se penche sur l'oreille de Françoise pour lui confier :

« Dommage que Fantômette ne soit pas là ! Elle empêcherait ces brigands de voler la statue, elle les ficellerait et les bombarderait avec des boules de neige pour les punir...

— Tu crois que Fantômette ferait tout ça ?

— Sûrement ! Aussi vrai que sept cent

vingt-huit que multiplie six mille trois cent neuf fait...

— Je crois que Fantômette ne pourrait rien faire, ma grande Ficelle. Si elle cherchait à intervenir, les brigands lui tireraient dessus. Crois-moi : pour l'instant, on ne peut pas bouger. À moins que... »

Et Françoise tripote ses boucles brunes d'un air songeur. Cependant, le « chat » s'est rapproché de l'avion à reculons. La caisse contenant le tableau est transbordée sur l'engin à chenilles dont on ferme la porte arrière. Puis les bandits remontent sur les motoneiges.

À cet instant, un homme, qui s'est frayé un passage entre les voyageurs, saute à terre et s'approche des pirates. C'est l'homme aux cheveux roux. Il crie :

« Attendez-moi ! »

Celui qui paraît commander les bandits lui sourit et agite la main en manière de salut.

« Ah ! te voilà tout de même ! Qu'est-ce que tu fabriquais ?

— J'avais besoin de vêtements chauds. Je viens de prendre ça dans le poste de pilotage. »

Et il enfile une pelisse qu'il a effectivement volée dans le poste. Le commandant Volovent grince :

« Mais c'est lui, parbleu ! C'est lui qui a dû saboter l'émetteur de radio ! Quelqu'un l'a-t-il vu entrer dans le poste ?

— Oui, dit Ficelle, moi je l'ai vu. Il venait d'en sortir au moment où vous étiez à l'extérieur.

— C'est un complice des gangsters ! »

L'homme aux cheveux roux monte dans une remorque accrochée derrière une des motoneiges, qui part à la suite du « chat ». Les trois autres chenillettes démarrent à leur tour et commencent à s'éloigner, à la queue leu leu.

C'est alors qu'un petit personnage enveloppé dans un manteau brun bondit hors de l'avion, court vers la dernière motoneige et saute dans la remorque où il disparaît en se recroquevillant. Le commandant Volovent hoche la tête.

« Encore un complice ! Décidément, ces bandits avaient fait monter du personnel à bord. Je ne pensais pas compter des brigands parmi mes passagers... On ne peut plus avoir confiance en personne ! »

La caravane des véhicules disparaît à l'horizon. Les portes de l'avion ont été refermées pour empêcher le froid d'entrer, ou la chaleur de sortir. La cantatrice se tourne vers le chef de bord.

« Eh bien, commandant ? Nous poursuivons ce voyage, oui ou non ? Dois-je vous rappeler que mon cher public m'attend à Tokyo ? Je devrais déjà être arrivée !

— Je crains, madame, que vous ne soyez en retard. Nous sommes *immobilisés* ici.

— Comment cela, immobilisés ? Je ne vois

pas pourquoi nous ne repartirions pas immédiatement, maintenant que vous avez fait cadeau du tableau à ces voyous !

— Notre appareil a été endommagé. Il ne peut pas repartir.

— Lancez un S.O.S. Appelez du secours...

— Impossible, madame. Notre émetteur de radio ne fonctionne plus.

— Votre matériel est vraiment de mauvaise qualité !

— Calmez-vous, madame. Lorsqu'on ne nous verra pas arriver à l'escale prévue, on nous enverra des secours. Il suffit d'avoir un peu de patience. En attendant, nos charmantes hôtesses vont distribuer des boissons chaudes.

— C'est vrai qu'il fait froid, dans cet avion. Je vais mettre mon manteau de vison. »

La cantatrice s'en va vers l'arrière de la cabine, et pousse un cri :

« Mon vison ! Où est mon vison ? Je l'avais posé là, à côté de moi ! »

Un passager répond :

« Je viens de voir une petite brune partir avec. Elle a dit qu'elle l'empruntait pour un moment.

— Eh bien, elle en a du toupet ! Prendre *mon* vison sans me demander la permission, je trouve ça un peu fort ! D'ailleurs, même si elle me l'avait demandée, je ne la lui aurais pas donnée ! Ah ! décidément, je m'en souviendrai de ce voyage ! Je me plaindrai au directeur de la Compagnie, qui est un de mes admirateurs fervents ! »

La cantatrice se calme un peu avec un grog chaud. Les autres passagers, qui s'étaient levés pour observer le va-et-vient des pirates, se rasseyent. Ils n'ont pour l'instant rien de mieux à faire. Ficelle interpelle Œil de Lynx qui vient de remettre son carnet dans sa poche :

« M'sieur Œuf de Sphinx, avez-vous bien observé le bonhomme aux cheveux roux, avec une barbe ?

— Le complice des pirates ? Oui, en effet.

— Justement, *moi* j'avais deviné dès le début qu'il était monté dans l'avion pour saboter l'appareil de radio.

— Vraiment ? Alors pourquoi n'avoir pas prévenu le commandant Volovent ?

— Parce que je n'avais pas de preuve ! Et Mlle Bigoudi nous a expliqué qu'il ne faut pas accuser comme ça, n'importe comment. Tenez, m'sieur Œil de Linge, une fois, j'avais accusé Pascal Hambourg d'avoir volé ma gomme. Je ne me souvenais plus que je l'avais prêtée à Françoise... Au fait, où est-elle encore passée, celle-là ? »

Ficelle penche son nez sur le siège de Françoise comme pour examiner une fourmi, puis regarde autour d'elle. Il n'y a pas de doute, la brunette n'est pas dans la cabine.

Boulotte suggère alors :

« C'est peut-être elle qui est sortie tout à

l'heure et qui est montée dans la remorque d'une motoneige ?

— Hein ? Celle après qui la chanteuse rouspétait ? Tu crois ? Mais pourquoi irait-elle poursuivre les pirates, elle qui est si peureuse ? »

Œil de Lynx intervient :

« Croyez-vous vraiment que Françoise soit peureuse ?

— Oh ! la la ! On voit bien que vous la connaissez mal ! Quand elle aperçoit une toile d'araignée, elle se sauve en courant ! Et elle ne marche jamais au soleil, parce qu'elle a peur de son ombre ! Tandis que moi, je suis follement téméraire, comme Fantômette ! Je suis capable de capturer des géants, de tirer la langue à des fantômes, ou de me battre contre des bêtes féroces ! D'ailleurs, j'ai étudié un livre hindou qui s'appelle *Comment devenir courageux en dix leçons.*

— Alors, pourquoi ne poursuivez-vous pas

les pirates, ma chère Ficelle, puisque vous êtes si vaillante ?

— Pourquoi ? Parce que je ne veux pas sortir par un froid pareil ! J'aurais bien trop peur de m'enrhumer ! »

Chapitre 5

« Allô ! »

Broum-broum-broum. Les moteurs ronflent, les chenilles cliquettent. Le vent de la course, glacial, fouette le visage des conducteurs de motoneiges. Plus heureux, les occupants du « chat » sont abrités dans leur cabine bien chauffée. Le soleil est levé — un soleil qui ne se couche pas en cette saison —, mais ses rayons ne parviennent pas à réchauffer l'atmosphère. Le brouillard s'est estompé, et le ciel bleu pâle sert de décor au vol des mouettes.

Après une demi-heure de trajet, un changement dans le bruit des moteurs indique que les véhicules ralentissent. Fantômette, pliée en quatre au fond de la remorque, voudrait bien sortir sa tête pour voir ce qui se passe, mais ce serait prendre trop de risques. Elle se contente donc d'écouter, tout en serrant contre son corps le manteau de vison.

« Quel métier ! Dire que je pourrais être au chaud dans ma chambre, en train d'écouter *Moi, j'aime les pom-pom-pom de terre frites* sur mon mange-disque ! »

Quelques ordres sont lancés à voix haute. Fantômette reconnaît la voix de l'homme qui avait parlementé avec le commandant Volovent. Il crie :

« Faites passer le "chat" en premier ! Doucement !... Maintenez cette porte ouverte !... Attention, la chenille de droite dérape ! Mettez des sacs vides !.. Bon, ça va... En avant, maintenant... Très bien, allez-y !... »

La remorque dans laquelle se trouve notre

aventurière s'est arrêtée, et le pilote a coupé les gaz du moteur. Fantômette se contracte, s'attendant à être découverte d'une minute à l'autre. Mais le pirate ne doit pas s'intéresser à la remorque, puisqu'il remet son moteur en marche et repart. On entend encore d'autres ordres :

« Les motoneiges, c'est à vous ! Allons, pressons un peu... Nous n'allons pas rester une éternité ici. Harry Cow, dépêche-toi ! »

Fantômette entend son conducteur répondre :

« Voilà, je viens ! Il n'y a pas le feu, tout de même ! Ça vaudrait mieux, d'ailleurs, on serait moins gelés. Je ne peux même plus tenir mon guidon. J'ai les doigts transformés en baguettes de glace ! »

Fantômette est rudement secouée, puis la lumière du jour disparaît soudainement, pour faire place à un éclairage électrique. En risquant un coup d'œil vers le haut, elle remarque un plafond lisse, peint en gris, où sont accrochés des tubes fluorescents.

« Bon ! Nous venons d'entrer dans une habitation. Un local, un baraquement. C'est sûrement le repaire de ces bandits. En tout cas, il fait moins froid. »

Le vacarme des moteurs cesse, et Fantômette se rend compte que Harry Cow descend du véhicule. Pendant un moment, un bruit de conversation se fait entendre. On distingue la voix du chef qui commente les résultats de l'expédition :

« C'est parfait, les enfants. Tout a très bien marché. Nous aurons droit à des félicitations. Inutile de déballer le tableau, nous avons tout le temps. Et maintenant, allons vider un pot ! Nous l'avons bien mérité. Un grog bouillant pour tout le monde ! »

Le bruit des voix et des pas s'éloigne. L'éclairage s'éteint. Fantômette sort de la remorque, retire le manteau et fait quelques mouvements de gymnastique pour se dégourdir.

« *Ouf !* Ça va mieux ! Mon nez commençait à ressembler à un glaçon ! Voyons maintenant où nous en sommes... »

Elle sort d'une poche secrète sa mini-lampe, l'allume. Le faisceau éclaire les véhicules, un établi chargé d'outillage, des fûts d'essence. C'est un garage. La jeune justicière le traverse sur toute sa longueur et trouve une porte, qu'elle entrouvre avec précaution. Il y a là un couloir éclairé, le long duquel se trouvent d'autres portes. Prenant le risque de se faire surprendre, Fantômette en ouvre une et inspecte l'intérieur. Il y a des meubles d'acajou, deux lits superposés. C'est une petite chambre. À travers la fenêtre étroite, on entrevoit le paysage blanc.

Une deuxième porte s'ouvre sur une chambre analogue, ainsi qu'une troisième. Mais la suivante donne sur une pièce plus grande, un salon-bibliothèque dont les côtés sont tapissés de rayonnages couverts de livres. Fantômette parcourt les titres : *Traité de mécanique... Les Applications de l'énergie nucléaire... Pratique des ordinateurs...*

« Rien que des bouquins scientifiques, on dirait. Pas un seul roman. Même pas une de mes aventures... »

Elle sort de la pièce, trouve un vestibule où parviennent des exclamations, des rires. Les pirates doivent être réunis dans un local tout proche. Elle tend l'oreille pour déterminer d'où vient le son. C'est sur sa droite. En même temps, une voix se fait entendre plus fortement :

« Je vais chercher des cigarettes. Il doit m'en rester un paquet dans ma chambre. »

Fantômette ouvre précipitamment une porte sur sa gauche, s'engouffre dans une petite pièce carrée, où il y a juste la place d'une chaise et d'une tablette. Au mur se trouve scellé un émetteur de radio. Notre héroïne fait claquer sa langue.

« Chouette ! Ça m'intéresse, ça. J'espère qu'il n'est pas en panne au moins ! »

Elle coiffe le casque, appuie sur une touche, fait glisser un curseur. Un sifflement se fait entendre.

« Mais oui ! On dirait que le zinzin fonctionne. Voyons... Quelle est la fréquence d'émission ? Essayons de raconter notre petite histoire. Quelqu'un l'entendra peut-être... »

Elle approche un micro de sa bouche et lance son message :

« Ici, Fantômette ! Ici, Fantômette ! Je fais partie des passagers du vol Paris-Tokyo. Nous venons de subir un atterrissage forcé quelque part dans l'Arctique. Tout le monde se porte bien, mais nous ignorons notre position exacte. Je répète : ici, Fantômette !... »

Elle passe sur la position d'écoute, essaie de capter une réponse. Il y a dans les écouteurs un fouillis de voix qui parlent en anglais, en allemand, en russe. Un radio amateur explique en français qu'il vient de contacter un collègue du Guatemala. Fantômette grogne :

« Qu'est-ce que ça peut me faire, à moi, qu'il bavarde avec le Guatemala ! Il ferait mieux d'écouter ce que je dis, mille pompons ! Allô ! Ici Fantômette ! Ici Fantômette qui vous parle, et qui vous répète que c'est très important ! Je fais partie du vol Paris-Tokyo... »

La porte s'ouvre brusquement.

Un homme entre, arrache d'un coup sec le fil du micro. Il est vêtu entièrement en blanc, et son visage disparaît sous un masque métallique. Fantômette s'exclame :

« Le Masque d'Argent ! C'est vous ? Vous êtes ici !

— C'est bien moi, Fantômette. Comme on se retrouve, hein ? Tu ne t'attendais pas à ça, je parie ? Mais, moi, j'étais sûr que tu te trouvais dans l'avion.

— Comment auriez-vous pu le savoir ?

— *C'est moi qui t'ai envoyé les billets pour ce voyage.*

— Ah ! je comprends...

— J'avais l'intention d'aller jusqu'à l'appareil pour te ramener ici, mais puisque tu as fait le trajet toute seule, c'est encore mieux. Alors, es-tu contente de me revoir[1] ?

— Contente ? pas tellement. Mais surprise, oui. J'avoue que c'est inattendu. Je ne pensais pas vous trouver dans les neiges polaires, en train de voler *Le Sire de Framboisy.* Vous avez l'intention d'en exiger une rançon, je suppose ? »

Le bandit se met à rire derrière son masque.

« Pas du tout, ma chère, pas du tout ! D'ailleurs, tu vas comprendre. Suis-moi. »

Le bandit doit se sentir en pleine sécurité, puisqu'il ne prend même pas la précaution de faire marcher l'aventurière devant lui. Il tra-

1. Voir *Fantômette et la Grosse Bête.*

verse le vestibule, s'approche du mur, effleure un bouton. Une porte glisse.

« Regarde, Fantômette. Et dis-moi ce que tu en penses... »

Chapitre 6

Bzzz... bzzz...

Fantômette vient d'entrer dans une vaste pièce aux murs clairs, au sol couvert d'une épaisse moquette beige. C'est une sorte de grand salon ou, plus exactement, une galerie d'exposition.

Des tableaux garnissent les parois, des statues occupent des socles.

Quelques vitrines renferment des bibelots précieux, des armes de collection, des bijoux.

Le Masque d'Argent désigne d'un geste large l'ensemble de ces richesses.

« Regarde, Fantômette, et admire. J'ai réuni ici une sélection de pièces uniques. Quelques chefs-d'œuvre de l'art classique et moderne. Tiens, tu as ici un authentique Rembrandt : *La Ronde de jour.* Et là, un portrait de Don Quichotte peint par Vélasquez. Ici, une gravure rarissime tracée par Léonard de Vinci. C'est une de ses fabuleuses inventions : un rasoir électrique ! L'invention est d'autant plus remarquable qu'à cette époque on n'avait pas encore découvert l'électricité.

— Et ces statues ? Je vois là un buste de Louis XIV par Coysevox. Ce n'est pas celui qui a été volé à Versailles, l'année dernière ?

— C'est lui, en effet. Quand je n'ai pas les moyens d'acheter un objet, je le prends.

— Et cet emplacement vide, sur ce panneau ?

— Regarde l'étiquette que j'ai préparée. »

Fantômette s'approche et lit : *Le Sire de Framboisy.* Le Masque d'Argent se frotte les mains en expliquant :

« Le panneau est tout prêt à recevoir le tableau qui vient de m'être livré. Tu vois que j'étais sûr de ma réussite. D'ailleurs, je réussis tout ce que j'entreprends.

— Sauf quand je fais rater vos petites expériences. Rappelez-vous l'affaire de la Grosse Bête ! »

Le bandit masqué chasse d'un geste ce mauvais souvenir.

« L'affaire qui m'occupe aujourd'hui est bien plus intéressante, et cette fois-ci tu n'interviendras pas. D'ailleurs, nous sommes à des centaines, à des milliers de kilomètres de toute civilisation, et tu ne dois compter sur aucune aide. Ma chère Fantômette, tu as devant toi le Maître des Glaces. Le Roi des Neiges. Le Monarque du Pôle. L'Empereur de l'Arctique ! Je suis le chef absolu de tout ce qui est au-delà du cercle polaire. J'intercepte les avions, je les pille, je dévalise les passagers. Lorsqu'une cargaison me plaît, je m'en empare. Récemment, c'était un stock d'or.

Aujourd'hui, une toile précieuse qui va grossir mes collections. Demain, ce sera quelque autre œuvre d'art, ou un lot de diamants, ou un diplomate que je libérerai contre rançon. Je contrôle toute cette partie du monde, ma chère Fantômette...

— Je vois. En somme, vous êtes comme ces bandits de grand chemin qui se postaient à l'orée d'un bois, et attaquaient les diligences ?

— C'est un peu ça, oui. Sauf que les diligences sont remplacées par des avions. »

Fantômette se met à tourner autour du socle vide, les mains au dos, en sifflotant. Elle réfléchit. Puis elle s'arrête, et prononce nettement :

« Ça ne peut pas durer, votre truc ! »

Le Masque d'Argent sursaute.

« Comment, *ça ne peut pas durer* ? Je ne vois pas pourquoi je ne continuerais pas indéfiniment mon petit travail.

— Vous finirez par vous faire repérer. À force d'intercepter des avions, vous attirerez des patrouilles aériennes, et on arrivera à trouver votre base. »

Le bandit hoche la tête avec un petit ricanement.

« Erreur, chère amie. Ma base, *on ne parviendra jamais à la découvrir.* »

Le bandit glisse une cigarette à travers une fente de son masque, l'allume et lance un nuage de fumée bleue.

« Je suis indécelable. Inattaquable, invulnérable. Je ne risque absolument rien. Tu entends ? RIEN !

— Pourquoi donc ?

— Parce que... Et puis ça ne te regarde pas, ma petite. J'ai inventé... disons... un système. Voilà. Une astuce pour que personne ne puisse me trouver. Devine si tu peux. En attendant... tu m'excuseras si je te laisse, ma chère, mais il faut que je m'occupe de cette peinture. Je veux qu'on la déballe soigneusement, sans l'érafler. Au revoir ! »

Fantômette a un geste de surprise.

« Mais... vous ne m'enfermez pas ? Lorsque j'étais votre prisonnière, dans le Massif central, vous m'aviez bouclée au fond d'un cachot. »

Le Masque d'Argent hausse les épaules.

« T'enfermer ? Ce serait bien inutile !

— Vous n'avez donc pas peur que je m'échappe ?

— Oh ! non !

— Supposez que j'arrive à m'emparer d'une motoneige et que...

— Peuh ! Supposition ridicule. Tu peux circuler à ton aise, ma petite. Personne ne t'en empêchera. À tout à l'heure ! Nous déjeunerons ensemble si tu veux, à midi. »

Il sort du musée, laissant la jeune aventurière fort perplexe. Ainsi donc, on lui accorde la liberté d'aller et venir sur la base ? Elle peut s'emparer d'un véhicule, retourner près de ses amis dans l'avion ?

« Alors, je ne suis donc pas prisonnière ? Eh bien, tant mieux ! Mais je me demande tout de même pourquoi ce brigand est si sûr de lui... »

Fantômette s'assoit sur le socle vide pour réfléchir plus commodément et établir un plan d'action.

« Je vais attendre que ce brigand ait fini de déballer le tableau. Ensuite, pendant qu'il sera ici pour le mettre en place, j'irai au garage. Je prendrai une motoneige et, hop ! j'irai retrouver mes amis. D'ici là, je vais faire un petit tour dans cette base, puisqu'on me permet de circuler. »

Elle sort du salon-musée, traverse le vestibule, trouve un escalier.

« Allons voir ce qu'il y a là-haut... »

À mesure qu'elle monte, un agréable fumet de rôti cuit à point vient chatouiller ses narines, ce qui indique la proximité des cuisines.

« Après tout, je ne suis pas pressée. Je peux très bien m'échapper après déjeuner... »

Elle parvient à l'étage, où elle découvre

effectivement une cuisine. Un cuisinier et un marmiton s'affairent devant des fourneaux électriques. Fantômette entre, sans qu'ils lui prêtent la moindre attention. Sans doute le Masque d'Argent les a-t-il déjà avertis de sa présence.

La cuisine est éclairée par deux fenêtres qui se font face. Notre jeune aventurière s'approche de l'une d'elles. Elle aperçoit une immense étendue grisâtre, parsemée de ces glaces flottantes, pointues, qu'on nomme « icebergs ».

« Bon ! La base où nous sommes est donc établie en bordure de l'océan, sur la banquise. »

Elle se retourne pour regarder à travers l'autre fenêtre, et pousse un cri de surprise. *Il y a là, également, l'étendue grise de l'océan.*

« Mille pompons ! Nous ne sommes donc pas sur la banquise ! »

Fantômette colle son nez contre les carreaux, regarde vers le bas. Le bâtiment est blanc à l'extérieur, irrégulier. Et il plonge dans l'eau.

« Un iceberg ! Je suis sur un iceberg ! Au beau milieu de l'océan ! »

Elle interpelle le chef cuisinier, l'interroge anxieusement :

« La base où nous nous trouvons, elle est établie à l'intérieur d'un iceberg ? »

Pour toute réponse, le maître queux fait un signe de tête affirmatif, et repique du nez dans ses marmites. Fantômette se mord les lèvres et pense :

« Je comprends maintenant pourquoi il se sent à l'abri... Il est bien caché dans son bloc de glace flottant. Si un avion survole la région, il ne distinguera pas cet iceberg des autres... Fameuse idée ! »

Le cuisinier sort le rôti du four, entreprend de le découper au moyen d'un couteau électrique à longue lame. Bzzz... bzzz... Fantômette contemple l'horizon en tripotant machinalement son pompon. La ligne irrégulière de la banquise est à une distance de plusieurs dizaines de kilomètres, et un double sillage derrière l'iceberg indique qu'il se déplace en s'en éloignant.

« Curieux... Il a donc mis un moteur et une hélice dans ce glaçon pour le déplacer ?

« Oui, on dirait. Nous avançons à petite vitesse, comme un bateau en promenade... Eh bien, ma petite Fantômette, tes projets d'évasion sont à l'eau, c'est le cas de le dire ! Je ne peux pas circuler sur l'océan en motoneige... »

Pensive, Fantômette quitte la cuisine, pénètre dans une salle à manger à l'instant précis où le Masque d'Argent y entre également, accompagné par quelques complices.

« Ah ! te voici, Fantômette ? Je vois que tu visites mon iceberg. Est-ce qu'il te plaît ? Tu ne t'attendais pas à être sur l'eau, n'est-ce pas ? Comprends-tu maintenant pourquoi il t'est impossible de te sauver ? À moins que tu ne veuilles patauger dans cette eau glaciale, ha ! ha ! Mais passons à table... »

Le Masque d'Argent s'assoit en face de Fantômette. À sa droite, se place un personnage que la jeune aventurière observe avec une certaine curiosité : le fameux voyageur aux cheveux roux, celui qui a saboté l'émetteur de radio. Fantômette pointe un index vers lui.

« Je vous ai déjà rencontré... il y a quelque temps... Ah ! j'y suis ! Vous êtes Rémi Croscop. Mais vous avez teint vos cheveux et laissé pousser votre barbe[1].

— Oui, je suis bien Rémi Croscop. Toujours au service de mon maître, tu vois. »

Le Masque d'Argent intervient :

« Il est à mon service, mais on ne peut pas dire qu'il soit bon à grand-chose. Quand je lui donne un ordre, il l'exécute à moitié. Par exemple, il devait te faire disparaître en te lançant une grenade.

1. Voir *Fantômette et le Masque d'Argent.*

— Je sais. J'ai enregistré votre émission. Le dialogue entre *M* et *R*.

— Bravo, tous mes compliments, ma chère ! Mais comment as-tu pu échapper à la grenade ?

— Je venais tout juste de quitter la pièce où Rémi l'avait lancée. »

Le Masque d'Argent a un geste d'agacement.

« Je lui avais dit d'aller vérifier ! Voilà ce que c'est, quand on ne m'obéit pas ! Heureusement que j'ai eu la géniale idée de t'envoyer des billets d'avion, pour que tu viennes près d'ici.

— Vous auriez pu vous contenter d'un seul billet. Pourquoi avoir invité aussi mes amies ?

— Pour que tu ne te méfies pas. Un seul billet aurait paru suspect, n'est-ce pas ? »

Rémi Croscop intervient et, pour se faire pardonner sa désobéissance, il propose :

« Chef, maintenant que vous avez réussi à

la capturer, on pourrait peut-être la jeter à l'eau ? Ce serait un bon débarras !

— Non. En ce moment, elle nous sert d'otage. Et puis il serait regrettable qu'elle ne profite pas de cet excellent saumon fumé... »

Intérieurement, Fantômette pousse un soupir de soulagement. Pour l'instant, elle n'est pas en danger. Du moins devra-t-elle se méfier de Rémi Croscop qui semble vouloir faire un peu trop de zèle. Fantômette et le Masque poursuivent donc leur déjeuner face à face, en dissimulant sous des propos faussement amicaux la sombre hostilité qui les oppose.

La jeune aventurière demande :

« Votre iceberg m'intrigue beaucoup. Comment l'idée vous est-elle venue de vous dissimuler dans un bloc de glace ? »

Le bandit boit une coupe de champagne — sa boisson habituelle — à travers l'ouverture de son masque, puis répond avec un plaisir évident. Il est heureux que quelqu'un s'intéresse à ses réalisations.

« L'idée n'est pas nouvelle. Lorsque tu poursuivais la Grosse Bête, tu as pu te rendre compte que je m'étais caché sous une montagne de terre. Ici, j'ai employé le même système. Mais au lieu de terre...

— C'est de la glace ! »

Le Masque d'Argent se met à rire.

« As-tu remarqué que nous nous dirigeons vers le sud ? Nous nous éloignons du Pôle. En nous rapprochant des régions tempérées, la glace risquerait de fondre.

— Alors ?

— Alors, notre iceberg n'est pas en glace. »

Fantômette sursaute.

« Mais... tout à l'heure, j'ai regardé par la fenêtre, et j'ai bien vu qu'il est blanc...

— Oh ! ma chère Fantômette, tout ce qui est blanc n'est pas forcément fait de glace. La preuve : l'objet flottant sur lequel nous

nous trouvons, c'est un énorme bloc en mousse de plastique.

— Le plastique qui sert à emballer des fruits ?

— C'est cela. Il s'agit d'une matière extrêmement légère, qui flotte merveilleusement bien. Et que l'on peut couper très facilement, ce qui permet de sculpter des arêtes irrégulières qui imitent parfaitement les structures d'un iceberg. De loin, l'illusion est parfaite. Et même de près. Mon iceberg artificiel est une île flottante qui passe inaperçue dans les glaces polaires. Une goutte de champagne ?

— Je préfère de l'eau.

— À ton aise ! »

Fantômette boit un verre d'eau, réfléchit, puis conclut :

« En somme, votre repaire est une sorte de bateau ?

— Si l'on veut. Oui, c'est un navire un peu spécial, qui se déplace à mon gré. Et cette mobilité est fort utile. Suppose que quelqu'un ait l'idée d'employer notre radio pour lancer un message ? Je déplace ma maison flottante, et si une expédition de secours arrive, elle ne trouve plus personne... »

Fantômette éprouve à l'instant même une forte envie d'étrangler le Masque d'Argent. Lorsqu'elle a utilisé l'émetteur, elle se trouvait près de la banquise. Mais, entre-temps, la montagne de plastique s'est déplacée, et si un avion se présente, il ne trouvera rien.

« Décidément, pense-t-elle, les choses ne s'arrangent pas. Ce diabolique individu est le maître de la situation. »

Elle cache cependant son inquiétude et pose une nouvelle question :

« Cet avion qui transportait de l'or et qui a disparu récemment... c'est vous qui l'avez intercepté ?

— Bien sûr. J'ai mis la main sur les cinq tonnes d'or. Un joli butin, ma foi.

— Et l'équipage ? Qu'est-il devenu ? »

Le bandit a un geste d'insouciance.

« L'équipage ! Je ne m'en soucie guère.

— Comment ? Vous les avez abandonnés ? Ils ne sont pas ici, dans l'iceberg ?

— Sûrement pas ! Je n'allais pas m'encombrer de trois bouches inutiles.

— Mais alors, ils sont toujours dans l'épave de leur avion ? Ils n'ont rien à manger ? »

Rémi Croscop ricane :

« Ils n'ont qu'à croquer de la glace. C'est pas ça qui manque dans le coin ! »

Indignée, Fantômette repousse son assiette.

« Mais ils doivent être morts de faim ! Et nous sommes là en train de manger du gigot pendant qu'ils...

— Allons, allons ! fait le Masque, ne t'inquiète pas pour eux. Si l'on devait se préoccuper de tous les gens qui ont l'estomac vide, on n'en finirait pas, ma chère ! »

Fantômette se lève, scandalisée, et quitte la table, tandis que les bandits se mettent à rire.

Le Masque d'Argent se sert une nouvelle portion de viande en déclarant joyeusement :

« Cette petite est d'une sensibilité ! Elle aura besoin de s'endurcir un peu. Enfin, si nous lui laissons le temps de vivre... »

Fantômette est sortie de la salle à manger. Elle redescend l'escalier, longe le couloir, s'arrête devant une fenêtre qui éclaire le vestibule. Elle tremble encore d'indignation.

« Ils ont abandonné les aviateurs. Ils ont abandonné également l'équipage et les passagers de l'avion dans lequel je me trouvais. Aucune pitié à attendre de ces bandits. Oh ! il faut absolument que je fasse quelque chose ! Fantômette, tu as besoin de te réveiller. Ça ne peut pas durer... »

Elle serre les poings, mordille nerveusement son pompon. Au bout de dix secondes, elle s'arrête, fait claquer ses doigts.

« J'y suis ! Ça y est, j'ai trouvé. La solution, c'est... Bzzz... bzzz... bzzz... »

Chapitre 7

Plouf ! plouf !

Le temps commence à paraître bien long pour les passagers de l'avion. La cantatrice Maria Cariatre fait le va-et-vient entre les rangées de fauteuils en répétant :

« C'est un scandale ! C'est un scandale vraiment scandaleux ! Quand je pense que nous sommes cloués dans ce désert blanc, alors que mes admirateurs se meurent d'impatience en m'attendant ! C'est un crime contre le *bel canto* ! Un sacrilège contre *La Traviata,* que je devais chanter à Tokyo ! Quelqu'un ne

peut-il faire quelque chose ? On ne pourrait pas téléphoner aux pompiers ? À l'ambassade de Turquie ? Que sais-je, moi ? Ou à Fantômette ? Il paraît qu'elle débrouille les situations les plus compliquées. Commandant, passez-lui donc un coup de fil ! »

Ficelle a entendu les exclamations de la cantatrice. Elle approuve :

« Ça, c'est bien vrai ! Si on pouvait prévenir Fantômette, elle viendrait sûrement nous tirer de là ! »

Boulotte objecte :

« Même si on l'appelait, comment ferait-elle pour venir jusqu'ici ?

— Et nous, comment avons-nous fait, grosse nigaude ? Elle prendrait l'avion, voilà tout. Elle se débrouillerait. C'est son métier, tu sais. »

Le commandant Volovent s'efforce de calmer l'impétueuse Maria Cariatre. Il trouve d'ailleurs un argument qui la ramène à la raison :

« Chère madame, dites-vous bien que plus vos admirateurs vous attendront, et plus votre succès sera grand !

— Vraiment ? Vous croyez, commandant ?

— J'en suis certain !

— Ne vont-ils pas m'oublier, pendant mon absence ?

— Comment pourrait-on oublier l'inoubliable Maria Cariatre ? »

Flattée, la cantatrice cesse de se plaindre, et s'assied dans un fauteuil pour vérifier dans un miroir de poche que son nez est bien poudré. Les autres voyageurs sont assis également, mais ils échangent à mi-voix des propos qui laissent percer leur inquiétude.

L'avion est immobilisé, la radio ne fonctionne plus. Les vivres disponibles sont en faible quantité. Quel secours peut-on attendre ? Les avions de recherche ? Mais parviendront-ils à localiser l'épave ? Un point minuscule dans l'immensité de l'Arctique !

Les Japonais bavardent tranquillement, en

souriant. Ils sont les seuls qui paraissent ignorer le tragique de la situation. Cette attitude calme ne manque pas de surprendre Ficelle. Elle se penche pour confier à Boulotte :

« Tu as vu le président ? Il est en train de raconter des histoires à ses copines, comme si de rien n'était ! Il ne se rend même pas compte que nous sommes en péril de mort ! Moi, si j'étais à leur place, je pousserais des hurlements épouvantesques ! »

Depuis un moment, Œil de Lynx est plongé dans l'étude du petit atlas que Françoise avait consulté avant l'atterrissage, et qu'elle lui a prêté. Crayon en main, il trace des lignes, fait des calculs, en marmottant entre ses dents. Il se lève soudain, se dirige vers le poste de pilotage.

« Commandant Volovent ! Je voudrais vous dire quelque chose...

— Je vous écoute...

— Voilà, je viens de regarder le trajet que nous avons suivi, et je pense que notre position est à cet endroit, là où j'ai fait une croix. »

Le commandant regarde le petit atlas et approuve :

« Oui, nous sommes à peu près sur ce point. Eh bien ?

— Eh bien, au sud-est se trouve la baie des Baleines. Et il y a là une station météorologique, je crois. Nous pourrions demander du secours ?

— C'est vrai, il y a du personnel en permanence à cette station. Seulement, savez-vous quelle distance nous sépare de la baie des Baleines ? Près d'une centaine de kilomètres ! Vous ne pensez tout de même pas qu'on peut aller là-bas à pied !

— *Si, justement !* »

Le journaliste allume tranquillement sa pipe et ajoute :

« D'ailleurs, nous n'avons pas le choix. Personne ne connaît notre position exacte ; par conséquent, les secours pourraient mettre très longtemps avant de nous trouver. Vous ne croyez pas ?

— Oh ! si..., soupire le commandant.

— Alors, ne perdons pas de temps. Allons-y ! »

En tendant l'oreille, Ficelle a saisi cette conversation. Elle tourne un visage pâle vers Boulotte et balbutie :

« Dis... dis donc... C'est très sérieux ! S'ils n'arrivent pas à trouver du... du secours, qu'allons-nous devenir ?

— Brrr ! J'aime mieux ne pas y penser !

— Moi, je ne pense déjà plus ! Avec le froid qu'il fait dehors, j'ai le cerveau complètement gelé ! »

Tandis que Ficelle se désole sur l'état de ses méninges, Œil de Lynx, le commandant et l'équipage se sont emmitouflés dans les pelisses. Ils quittent l'avion sous les regards anxieux des passagers qui agitent les mains derrière les hublots pour leur dire adieu. Ficelle assiste à ce départ en gémissant :

« Pourvu qu'ils arrivent ! Ah ! je regrette bien d'être montée dans cet avion ! J'aurais dû rester à la maison, pour contempler ma collection d'épingles à cheveux... »

Bzzz... bzzz... bzzz...

La lame vibrante du couteau électrique entame la mousse de plastique. À l'extérieur du garage, Fantômette taille largement la montagne de fausse glace.

Le soleil est à moitié mordu par l'horizon. C'est sa position la plus basse, qui correspond à la nuit. Mais bien sûr il fait jour. Un vent glacé souffle sur l'océan, et Fantômette serre contre elle le manteau de vison.

Elle a profité du temps de repos des pirates pour s'évader. Elle est sortie discrètement de la cabine que le Masque lui a attribuée, et s'est emparée du poste de radio. Si elle parvient à rejoindre l'avion, elle le remettra au commandant qui pourra appeler du secours tranquillement, sans risquer d'être interrompu.

Puis elle s'est rendue aux cuisines où elle a pris le couteau électrique, qu'elle a branché sur une prise de courant du garage.

« Encore cinq minutes de travail, et ce sera parfait ! Cette mousse se coupe comme du beurre frais. Un vrai plaisir de tailler là-dedans... Voilà, ça commence à prendre forme. »

Ce que Fantômette est en train de façonner, c'est un petit bateau. Une barque légère, que le vent poussera vers le nord, c'est-à-dire vers la banquise. Le matériau est si facile à travailler qu'en quelques instants Fantômette obtient son embarcation. Elle la pose sur l'eau, y place l'émetteur, s'installe et donne un coup de pied à l'iceberg pour s'en éloigner. Comme prévu, le vent la pousse dans la bonne direction. Notre héroïne fait claquer sa langue.

« Le Masque d'Argent n'avait pas prévu ça. Il va en faire une tête, quand il s'apercevra que j'ai pris le large ! Décidément, il n'a pas de chance avec moi. Chaque fois qu'il m'attrape, je me sauve ! »

Bercée par le mouvement des vagues, Fantômette se laisse aller en arrière en s'adossant au poste de radio. De temps en temps, des mouettes la survolent en lançant leur cri aigu. Des choses noires, arrondies, tournent autour de l'esquif en s'enfonçant sous l'eau, puis en reparaissant à la surface. On entend alors le bruit que fait un pneu qu'on dégonfle : pss-schttt. Un souffle d'air mêlé d'eau. Ce sont des phoques qui observent avec curiosité l'apparition de cette barque blanche. Lorsqu'ils ont assez tourné en rond, ils se dirigent vers un iceberg — un vrai celui-là —, grimpent dessus et se mettent à grogner, ce qui est leur manière de parler. Fantômette agite sa main gantée d'une moufle pour leur dire au revoir, puis continue sa remontée vers le nord.

Les vagues, jusqu'ici assez calmes, semblent vouloir prendre une certaine amplitude, et la jeune aventurière commence à se cramponner aux bords de sa barque.

« On dirait que “le vent fraîchit”, comme disent les marins. Il ne faudrait pas que je chavire dans cette mer frigorifiante ! Du nerf, Fantômette ! Ouvrir l’œil et tenir bon ! »

Non seulement le vent accroît sa force, mais encore il change de direction. La barque de plastique opère une sorte de mouvement tournant qui l’entraîne non plus vers le nord, mais vers l’ouest. Elle se déplace maintenant en longeant la banquise. Fantômette se sent devenir pâle.

« Oh ! mais c’est que ça ne va pas du tout ! Je veux retourner sur la banquise, moi ! Et elle ne se rapproche plus... Voilà qui est diablement inquiétant... Et je n’ai pas de rames ! Ah ! c’est bête, ça ! J’aurais dû prévoir que le vent pourrait tourner. Je n’ai même pas de voile... L’idiote ! L’idiote que je suis ! Allons, bon ! qu’est-ce que c’est que ça ? Les choses ne s'arrangent pas, on dirait ! Voilà qu'il neige, maintenant ! »

Fantômette a levé les yeux vers un ciel devenu gris, d'où tombent de gros flocons. Le vent mauvais, le froid, la neige, la solitude...

« Ouh ! la la ! J'ai déjà été dans de graves situations, mais il faut reconnaître que celle-ci n'est pas brillante. Je regrette bien de m'être engagée dans cette aventure ! »

Il faut pourtant qu'elle atteigne la banquise, puis qu'elle rejoigne l'avion. Là, on pourra brancher l'émetteur et lancer des appels.

Fantômette plonge ses mains dans l'eau glacée et se met à ramer dans ce qu'elle croit être la bonne direction. Mais les rafales de vent se font irrégulières, la neige tombe de plus en plus dru. La frêle embarcation est secouée à un tel point que notre navigatrice doit s'y cramponner de toutes ses forces. Elle sent que ses doigts s'engourdissent dans ses moufles mouillées. Une vague plus forte que les autres soulève le bateau qui retombe avec un plouf ! retentissant. Un second plouf ! se produit alors. Fantômette tourne la tête vers l'arrière et constate que le poste de radio a disparu ! C'est lui qui vient de tomber dans l'eau...

« Mille milliards de pompons ! Même si j'arrivais à rejoindre la banquise et l'avion, ça ne servirait plus à rien. Ah ! ma pauvre amie, te voilà fraîche !... Et quand je dis fraîche, cela veut dire glacée ! On m'y reprendra, à aller au Japon pour un numéro de majorettes ! »

Mais l'heure n'est plus à la plaisanterie. L'aventurière se rend parfaitement compte qu'elle est perdue, irrémédiablement.

Chapitre 8

Pout-pout-pout

« Allons, les gars, du nerf, du nerf, que diable ! Si nous nous arrêtons, nous ne pourrons plus repartir ! »

Le commandant Volovent invective ses hommes, les encourage. Tour à tour il les complimente ou les menace pour les faire avancer. Le petit groupe chemine péniblement dans le désert blanc. Les bottes glissent sur la glace, s'enfoncent dans la neige, se coincent dans des crevasses. Le vent chargé de neige cingle les visages, transformant les

aviateurs en Pères Noël à barbes blanches. Des stalactites de glace se forment sur la pipe d'Œil de Lynx.

Le navigateur examine une boussole où l'aiguille tourne en rond.

« Commandant, la boussole s'affole. Nous sommes trop près du pôle Nord pour qu'elle donne des indications précises. Vous êtes certain que nous sommes dans la bonne direction ? On n'y voit plus rien !

— Mais oui, bien sûr que nous sommes dans la bonne direction ! » affirme le commandant qui n'est plus sûr de rien du tout. Mais il ne faut pas décourager ses compagnons.

En principe, ils longent la bordure de la banquise, une sorte de côte irrégulière, faite entièrement de glace. Mais comme la tempête de neige transforme le paysage en une surface complètement blanche, les détails du sol s'effacent, disparaissent. Pas de repère dans le ciel, puisque les étoiles sont invisibles. Pas d'indication que pourrait donner le soleil : il est noyé dans le coton du ciel. Plus de boussole exacte. Rien pour se guider au sol. C'est une marche à l'aveuglette. Les malheureux aviateurs ne savent plus d'où ils viennent, où ils vont, où ils sont. Et le commandant Volovent continue de répéter inlassablement :

« Ça va, c'est bien, nous sommes dans le bon sens. Encore un peu de patience, et nous tomberons droit sur la base ! »

« Ou droit sur le pôle Nord », pense le journaliste qui n'ose pas le contrarier, mais se rend bien compte que la neige réduit à zéro leur espoir de trouver du secours

Situation également sans espoir pour Fantômette, toute seule sur son bateau de pacotille, dans la tempête qui agite les vagues avec méchanceté. L'esquif monte et descend, roule, tangue, tourbillonne.

« Je suis cuite ! » gémit Fantômette qui est de plus en plus frigorifiée.

Elle sent que ses mains sont en train de geler douloureusement. Pourtant, elle n'ose pas lâcher les bords de la barque, sinon elle serait immédiatement jetée à l'eau. Or, si elle se cramponne encore, ce n'est plus par volonté mais par un reste de ce qu'on nomme l'« instinct de conservation »...

Pout-pout-pout...

Pout-pout-pout...

C'est un bruit régulier, un petit ronflement qui se mêle au sifflement du vent, au bruissement des vagues. Un bruit mécanique qui se rapproche. Quelque part entre les flocons, une masse sombre apparaît. Un point tout d'abord, qui grossit rapidement, se rapproche. Alors, la jeune aventurière oublie le froid et la tempête. Elle ouvre la bouche, hurle :

« Ohé ! Ohé ! Ohé ! »

C'est une barque, longue, fine, propulsée par un moteur que manœuvre un homme seul enveloppé dans une épaisse fourrure. Il lève le bras et l'agite, pour indiquer qu'il a entendu l'appel. Habilement, il amène son embarcation tout près de Fantômette, met le moteur au ralenti, se penche pour aider notre héroïne à changer de bord. Quoique périlleuse, cette opération s'exécute sans encombre, et Fantômette abandonne sans regret le flotteur de plastique qui, allégé, s'enfuit dans la tempête.

Notre aventurière prend alors le temps de regarder son sauveur. On ne voit pas grand-chose de son visage, mais assez pour remarquer son teint cuivré, ses yeux minces et noirs. Son âge est difficile à préciser, mais il semble très jeune.

« Merci, vous venez de me sauver la vie. Sans vous, j'étais perdue. Ah ! mais je parle... et vous ne comprenez sans doute pas. Vous êtes Esquimau, je suppose ? »

Le navigateur sourit.

« Esquimau et Canadien. Et je parle le français, bien sûr. Vous, vous avez un petit accent bizarre... »

Fantômette l'entend prononcer *accint* et reconnaît effectivement l'accent canadien[1].

L'Esquimau remarque alors les moufles mouillées et déclare :

« Il ne faut pas que vous gardiez ça. Vous risqueriez d'avoir les mains gelées, et on serait obligé de vous couper les doigts.

— Vraiment ?

— Oui, oui. Tenez, prenez mes moufles.

— Mais vous ?

— Ce n'est pas grave, j'en ai une autre paire dans mon traîneau.

— Votre traîneau ? Mais où est-il donc ? »

Le Canadien pointe son index vers la blancheur de l'horizon, désignant un point parfaitement invisible.

« Il est là. »

En enfilant les moufles tièdes, Fantômette

1. « Mlle Bigoudi, notre institutrice, a expliqué que les Canadiens ont conservé la manière de parler de leurs ancêtres, ceux qui étaient arrivés au Canada à l'époque de Louis XIII. Alors, si on entend un Canadien d'aujourd'hui, c'est exactement comme si on écoutait Sa Majesté ! Vous ne trouvez pas ça ahurissant ? Moi, si ! »
(Note linguistique de Ficelle.)

se dit que son sauveteur a bien de la chance de s'y retrouver dans cet univers de farine. Elle demande :

« Que faisiez-vous par ici ?

— Je suis allé chasser le phoque, mais le mauvais temps m'a obligé à faire demi-tour. Et vous ? Vous ne chassez pas le phoque ?

— Non. Mon histoire est assez longue à raconter...

— Vous me direz plus tard. Nous avons le temps. »

Puis il demande, adoptant le tutoiement :

« Je m'appelle Amarouk. Ça veut dire *loup.* Et toi, quel est ton nom ?

— Fantômette.

— Ah ! Et qu'est-ce que ça veut dire ?

— *Le petit fantôme.* Ou plutôt *la petite revenante.* »

Amarouk se met à rire.

« Tu n'es pas un esprit. Les esprits n'ont pas froid aux mains. »

Puis il désigne le masque que l'aventurière porte toujours.

« Ça, ce sont des lunettes de neige ? Pour se protéger de la lumière trop forte ? »

Ne voulant point le contredire, Fantômette approuve.

« Oui, je reconnais que ça filtre un peu la lumière. »

Au bout de quelques minutes, l'Esquimau réduit le régime du moteur et tend le bras.

« Regarde ! Voilà la banquise. Nous arrivons. Tu n'as pas trop froid ? Tu vas voir, on sera au chaud dans la *nallaqtaq.*

— La quoi ?

— La “maison de neige”.

— Ah ! tu veux dire, un iglou ?

— Oui, c'est ça. Un iglou. Mais nous, nous disons *nallaqtaq.* En principe, j'habite dans une maison de bois mais, quand je viens chasser par ici, je me construis une maison de neige. »

Quelques instants plus tard, l'*oumiak,* c'est-à-dire la « barque », accoste contre la banquise. Les deux passagers débarquent, tirent le bateau au sec, et se mettent en marche sur la glace. La tempête s'est un peu calmée, et les flocons se font moins denses. Fantômette aperçoit à quelque distance un dôme posé sur le sol, une coupole blanche qui ressemble à une glace au citron[1].

« Voici ma maison de chasse ! annonce fièrement Amarouk. Tu vas voir comme on est bien dedans. » L'Esquimau n'a pas menti. Une fois qu'on s'est mis à quatre pattes pour pénétrer dans la demeure faite en blocs de neige, on ressent brusquement une impression de confort, de chaleur. Amarouk retire ses vêtements d'extérieur, et Fantômette en fait autant.

« Tu as faim ? demande l'Esquimau.

— Je pense bien ! Je dévorerais... un phoque !

1. « Les glaces au citron sont généralement blanches. Il arrive qu'on en trouve qui soient jaunes, mais c'est plutôt rare. En principe, les glaces jaunes sont à la vanille. »
(Note de Boulotte.)

— Eh bien, tu vas justement pouvoir en manger. »

Amarouk pose une marmite sur un fourneau à pétrole qu'il allume. Au bout d'un moment, une odeur qui rappelle vaguement le poisson emplit l'étroite demeure. L'Esquimau plonge la main dans la marmite, en sort un morceau de viande mal cuit, le trempe dans une écuelle de fer-blanc remplie de sel, et l'offre à Fantômette qui contient un mouvement de recul devant cette nourriture peu appétissante. Mais elle n'a pas le choix, et elle a terriblement faim. Alors, à l'aide de son poignard, elle découpe le bout de viande et le mastique en essayant de se convaincre que c'est merveilleusement bon.

Une demi-heure plus tard, la jeune aventurière finit par admettre que le phoque est, sinon délicieux, du moins comestible. Elle boit un bol de thé, et répond à son compagnon qui lui demande de raconter ses aventures :

« Je suis venue jusqu'ici en avion. Nous avons reçu un message envoyé par radio, qui nous ordonnait de nous poser. L'avion a donc atterri sur la glace. Alors, nous avons été attaqués par des bandits. Ils ont volé une peinture précieuse que nous transportions. J'ai suivi ces bandits jusque dans leur repaire. Ils se cachent dans un iceberg de plastique. Je me suis échappée, et tu m'as recueillie au moment où j'étais perdue dans la tempête. Voilà tout. »

Le jeune Esquimau a écouté attentivement. Il allume une pipe en os sculpté, tire dessus en réfléchissant, puis il dit :

« Ces bandits dont tu parles, j'en connais déjà l'existence. Il y a quelques jours, ils ont fait atterrir de force un avion qui transportait de l'or. »

Fantômette sursaute.

« Comment ! Tu es au courant de ça ? Les bandits ont abandonné l'équipage sans nourriture. Les aviateurs ont dû mourir de froid et de faim ? »

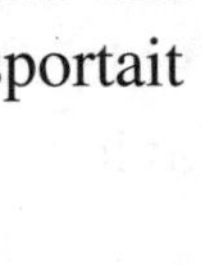

Amarouk secoue la tête.

« Non, non. Rassure-toi, ils sont en bonne santé. Nous les avons recueillis.

— Qui ça ?

— Ceux de ma tribu. Ils habitent dans un village de bois, près d'ici. Les aviateurs sont bien au chaud, et ils ont du phoque à manger. »

Fantômette pousse un grand soupir de soulagement. Le Masque d'Argent avait condamné ses victimes à mourir de faim, mais les choses se sont heureusement arrangées. Reste le problème du vol Paris-Tokyo. Fantômette demande :

« Et pour mes compagnons, comment les aider ? Eux aussi sont bloqués dans leur avion, sans rien à manger.

— Je vais en parler avec ceux de mon village, et nous verrons ce qu'il faut faire. »

Depuis un moment, des aboiements se font entendre à l'extérieur. Les quatre chiens d'Amarouk, qui s'étaient enfouis sous la neige pour s'y tenir au chaud, sont sortis de cette tanière improvisée. Il leur lance quelques débris de viande, puis prépare son traîneau qui se trouvait derrière l'iglou. Dix minutes plus tard, Fantômette glisse sur la neige, assise dans le traîneau. Amarouk court derrière en criant pour encourager les chiens, et en faisant claquer un fouet d'une longueur démesurée.

Chapitre 9

Pan ! pan ! pan !

« Ah ! elle est superbe, cette toile ! Quelle merveille ! Vraiment, je me félicite de l'avoir prise. Et quelle fierté de penser que j'ai ici, dans mon musée, l'incomparable, le seul, l'unique sire de Framboisy ! Qu'en dis-tu, mon cher Rémi ?

— J'en dis que vous avez fait une belle acquisition pour pas cher !

— Et toi, Harry Cow, quelle est ton opinion ?

— Je dis comme Rémi Croscop, chef. Vous avez fait une bonne affaire !

— C'est certain. J'envisage maintenant de voler les Pyramides d'Égypte. C'est lourd, bien sûr, mais en m'y prenant à plusieurs fois... »

La porte du salon-musée s'ouvre, et le chef cuisinier apparaît. Il ne semble pas très content. Il agite les poings en s'écriant :

« Qui est-ce qui m'a pris mon couteau électrique ? J'ai du jambon à couper, et pas moyen de mettre la main dessus ! C'est un monde, tout de même ! »

Le Masque d'Argent a un geste d'agacement.

« Cherche-le, ton couteau ! Ce n'est pas mon affaire...

— Mais si je ne le retrouve pas, votre jambon ne pourra pas être coupé fin, comme vous l'aimez.

— Eh bien, débrouille-toi ! Tu ne vois pas

que je suis occupé à admirer ce merveilleux tableau ? »

Survient alors le marmiton, qui brandit le couteau.

« Le voilà ! Le voilà ! Je l'ai trouvé dehors. Quelqu'un s'en est servi pour découper un bout de l'iceberg ! »

Du coup, le Masque d'Argent cesse de contempler *Le Sire de Framboisy* pour interroger le marmiton :

« Que dis-tu ? On a *découpé* l'iceberg ? Mais pourquoi ? Et qui s'est amusé à faire ça ?

— Je ne sais pas, chef. »

Le Masque sort du musée, se rend à l'endroit où le couteau a été trouvé, découvre une brèche taillée dans la fausse glace. Il caresse son menton métallique en penchant un peu la tête sur le côté — signe de méditation. Puis il dit à Rémi Croscop :

« Va voir si Fantômette est dans sa cabine. »

Rémi Croscop part en courant, puis revient au bout d'une minute.

« Elle n'y est pas, chef. Je cherche ailleurs ?

— Inutile. Elle n'est plus ici. Elle s'est fabriqué un bateau en polystyrène, et a pris le large. Ah ! la petite peste ! Elle est pleine d'idées ! J'aurais dû l'enfermer. La faire mettre aux fers, comme une révoltée qu'elle est ! »

Il fait quelques pas, mains au dos, avec un petit rire, puis apostrophe Rémi :

« Quel toupet, tout de même ! Elle est d'une effronterie, cette petite ! Tu sais que je l'admire, Rémi ? Elle a un sang-froid extraordinaire ! Quel dommage que ce ne soit pas ma fille ! J'en serais fier ! »

Il allume une cigarette, la glisse dans la fente de son masque, lance une bouffée dans les airs, et redevient sec, cassant :

« Je l'admire, mais je ne lui permets pas de se moquer de moi. Il faut la rattraper, et rapidement. Rémi, nous revenons vers la banquise. Pousse les moteurs à fond. Je veux que cette satanée gamine soit de nouveau ici dans moins d'une heure.

— Mais... vous ne voyez pas cette tempête, chef ? Avec cette neige qui tombe du ciel, on n'y voit pas à dix mètres !

— Nous avons un radar qui nous signale les obstacles, si c'est cela qui t'inquiète.

— Non, mais je veux dire qu'on aura du mal à retrouver Fantômette.

— Nous allons commencer par la chercher. Nous la trouverons ensuite. Allez, exécution ! Nous devrions déjà être de retour ! »

Le gouvernail de l'île artificielle pivote, et le Masque d'Argent revient vers la banquise. C'est à peu près au même moment qu'Amarouk a recueilli Fantômette. C'est également à cette heure que le commandant Volovent, Œil de Lynx et l'équipage de l'avion commencent à comprendre qu'ils sont condamnés à mourir de faim et de froid.

« Voilà mon village ! » dit fièrement Amarouk.

Une légère fumée s'élève d'un groupe de maisons en bois à demi recouvertes de neige. Après ces kilomètres de piste blanche, Fantômette se sent revivre. Quelques minutes plus tard, elle entre dans une grande pièce chaude qui sent le poisson et le cuir. Il y a là toute la famille d'Amarouk, qui se précipite pour examiner l'aventurière de près. Amarouk se lance dans de grandes explications, d'où il ressort que Fantômette chasse non pas le caribou, mais les bandits.

Au moment où l'Esquimau termine des présentations fort longues — car sa famille est nombreuse —, la porte s'ouvre et trois hommes apparaissent. Sous leur parka de fourrure, ils sont en uniforme bleu : ce sont les trois aviateurs qui convoyaient l'or. Leur surprise est grande de découvrir une fille masquée en ce lieu, et Fantômette doit à son tour entreprendre le récit de ses aventures. Puis elle demande ce qu'il faut faire pour sauver les passagers du vol Paris-Tokyo.

L'un des trois hommes, le capitaine Fenlair, lui répond :

« Il n'y a pas à s'inquiéter. Un des Esquimaux est parti pour la baie des Baleines, où l'on demandera du secours par radio. Dans très peu de temps nous verrons arriver des sauveteurs dans la région, et tout le monde pourra repartir. »

La nouvelle de l'arrivée de Fantômette s'est très vite répandue dans le village, et bientôt la maison s'emplit d'une foule souriante et bavarde, qui boit du thé pour fêter l'événement.

Alors que Fantômette raconte pour la dixième fois comment Amarouk lui a sauvé la vie, un bruit de moteur s'élève à l'extérieur. La jeune aventurière dresse l'oreille, cesse de parler, se précipite à une fenêtre, et lance un cri :

« Mille millions de pompons ! Le Masque d'Argent ! »

Le « chat » mécanique, escorté de trois motoneiges, fait son entrée dans le village. Nul doute que les bandits ont découvert son évasion. Ils ont dû revenir à la banquise, trouver les traces du traîneau qu'ils ont suivies jusqu'ici. Des traces bien visibles, puisque la neige a cessé de tomber.

Les engins s'arrêtent. La portière de la chenillette s'ouvre, et le Masque d'Argent, enveloppé dans un manteau en peau d'ours blanc, met pied à terre. Il est armé d'une carabine.

Il s'avance vers la maison, suivi par une demi-douzaine de complices, ouvre la porte d'un coup de pied et crie :

« Que personne ne bouge ! Nous ne voulons de mal à personne. Nous ne venons que pour Fantômette. Où est-elle ? »

Dans la maison, c'est le silence complet. Les Esquimaux se taisent, les aviateurs observent les bandits avec un calme mêlé de mépris. Le Masque d'Argent répète :

« Où est Fantômette ? Je sais qu'elle est ici. J'ai trouvé son poignard dans un iglou, et nous avons suivi les traces de son traîneau. »

Le père d'Amarouk s'avance alors. Ses yeux plissés sont deux fentes minces, où passe une lueur d'ironie. Il dit tranquillement :

« Quoique vous ne soyez pas invités, soyez les bienvenus dans ma maison. Tout ce qui est ici vous appartient. Vous pouvez circuler à votre aise. »

Le Masque profite aussitôt de cette courtoise invitation. Bousculant les Esquimaux, il traverse la grande pièce, ouvre les portes des pièces voisines. Mais la maison n'est pas vaste, et ne comporte aucun recoin où l'on pourrait se dissimuler. Les autres bandits soulèvent un tas de peaux qui sèchent, regardent dans l'intérieur d'un seau de cuir, retournent un kayak. Rémi Croscop hoche la tête.

« On dirait qu'elle n'est plus là, chef... »

Comme pour confirmer ces paroles, un ronflement s'élève. Le Masque sort en courant de la maison, et pousse un juron. À cheval sur une motoneige, Fantômette s'enfuit à pleins gaz ! Le bandit se précipite vers le « chat », lance des ordres :

« Demi-tour ! Rattrapez-la ! Allez, plus vite ! Rémi, monte avec moi ! Harry Cow, prends une moto ! Dépêchez-vous ! Mettez le grappin sur cette gredine ! Ah ! je vais la faire bouillir à petit feu ! Je vais l'enfouir dans la glace ! Je vais lui arracher les tripes une par une ! Plus vite, mille cafards ! Plus vite ! »

Mais la fugitive est peu disposée à se laisser échauder ou refroidir. Elle file sur la piste, rebondit sur les bosses, fait du slalom entre les congères, soulève un nuage étincelant. Fantômette ne sent même pas le vent glacial de la course. Elle est bien trop préoccupée par la conduite de sa machine, qui demande toute son attention. De temps en temps, elle jette un rapide coup d'œil en arrière.

Le Masque d'Argent et ses hommes se sont lancés à sa poursuite.

« Diable ! S'ils me rattrapent, ils ne me feront pas de cadeau ! Ce n'est pas le moment de s'endormir ! »

Les motoneiges vont à la même vitesse que Fantômette, mais le « chat », beaucoup plus puissant, est plus rapide. Le Masque dépasse ses complices et se rapproche de l'aventurière. Laissant le volant à Rémi Croscop, le bandit abaisse la vitre d'une portière, se penche à l'extérieur, épaule sa carabine et fait feu. Fantômette entend un sifflement au-dessus de sa tête, suivi du claquement sec produit par le coup de feu. Instinctivement, elle rentre la tête dans les épaules. Une nouvelle balle soulève une gerbe de neige à deux mètres sur sa droite. C'est une chance pour Fantômette que le Masque soit fortement secoué par son véhicule, sinon il tirerait plus juste. Un troisième projectile est cependant plus précis. Il ricoche contre le flanc arrière de la motoneige, traçant une longue éraflure.

« Ouille ! Mes enfants, si ça continue, je vais être changée en passoire ! Vivement que j'arrive... »

Le but que Fantômette cherche à atteindre, c'est l'iceberg artificiel qui se dresse au bout de la banquise, à cent mètres de là. Plus que quelques secondes, et elle pourra s'y mettre à l'abri...

Pout-pout-pout-flof-flof-flof-pout-flof-flof.

Sur un dernier *flof,* le moteur s'arrête, à bout d'essence. Fantômette pousse un cri de rage, abandonne sa moto qui se couche, et se met à courir vers l'iceberg. Dans son « chat », le Masque d'Argent triomphe !

« Ah ! on la tient ! Elle est en panne ! Hourra ! Arrête, Rémi, que je puisse lui tirer dessus ! »

Rémi freine l'engin, et le Masque d'Argent prend la peine d'ajuster posément la mince silhouette qui fuit à toutes jambes. Mais Fantômette, qui a flairé le danger, se met à courir en zigzag, puis à se coucher, à se relever brusquement, à sauter de côté. Le Masque fait feu, sans résultat. Il vise encore, tire de nouveau.

« Ratée ! Je l'ai ratée... Elle est trop loin, maintenant. Redémarre, Rémi ! Vite, avant qu'elle ne rentre dans l'iceberg. »

Le « chat » se remet en route dans un grondement assourdissant. Fantômette n'est plus qu'à une dizaine de mètres du cône de plastique. La porte du garage est ouverte, fort heureusement. Notre héroïne, d'un bond, quitte la banquise et saute sur le sol du garage. Il s'agit maintenant de refermer la grande porte métallique pour dresser un obstacle entre elle et ses poursuivants. Elle voit un tableau de commande comportant plusieurs boutons, appuie sur l'un d'eux au hasard. Les lampes s'allument.

« Zut ! ce n'est pas le bon ! Essayons un autre... »

Le suivant met en marche un système de chauffage.

« Encore pas le bon... Mais comment la ferme-t-on, cette porte ? »

Le « chat » stoppe au bord de la banquise. Le Masque d'Argent en sort vivement, épaule sa carabine et lance, avec une joie mauvaise :

« Tu as perdu, Fantômette ! Tu crois qu'on peut m'échapper indéfiniment ? Me narguer comme tu le fais ? Ta route est terminée ! Je vais enfin me débarrasser de toi pour toujours ! Ton destin, c'est de finir dans l'estomac des poissons de l'Arctique. Adieu, Fantômette ! »

Et il appuie sur la détente.

Chapitre 10

Clic !

Clic ! C'est tout le bruit que fait la carabine. Le bandit appuie de nouveau sur la détente. Re-clic ! Fantômette éclate de rire, en même temps qu'elle presse le bouton qui commande la fermeture de la porte.

« Mon cher Masque, vous devriez mettre des cartouches dans votre arme, de temps en temps. »

Le panneau de métal s'abat, isolant l'aventurière de ses ennemis. Tandis que le Masque d'Argent piétine sa carabine en lançant des cris de rage, Fantômette traverse le garage à toute allure, monte jusqu'au poste de timonerie qu'elle a repéré pendant son court séjour à bord de l'iceberg, et lance les moteurs. La montagne de plastique commence à se détacher de la banquise, puis elle s'éloigne de plus en plus vite. Les bandits, qui se sont maintenant tous regroupés, tirent vainement des coups de feu contre le pic artificiel. Ils ne peuvent plus rien faire pour le retenir.

Rémi Croscop hoche la tête.

« À votre avis, chef, que faut-il faire maintenant ? Nous essayons de quitter la région en prenant l'un des avions que nous avons piratés ?

— Idiot ! Comment veux-tu que nous nous en servions ? Ils ne fonctionnent plus ! Le premier a embouti son nez, le second a faussé son train d'atterrissage ! Nous sommes bloqués ici ! Et par ta faute !

— Par ma faute ? Mais...

— Il n'y a pas de *mais* ! Tu n'avais qu'à

enchaîner Fantômette dans la cale de l'iceberg.

— Mais, chef, vous aviez dit qu'elle pouvait circuler à bord, que ce n'était pas la peine de l'attacher, parce qu'elle n'avait aucun moyen de se sauver...

— Tais-toi ! Tu es un menteur ! Je n'ai jamais rien dit de tout cela ! Tu es un bon à rien et un inutile ! Tu mérites cent coups de bâton ! »

Pendant que les bandits se disputent, Fantômette manœuvre la roue de gouvernail de l'iceberg, qui se conduit comme un bateau. Au bout d'une heure de navigation, elle repère une série de points noirs sur la neige : les fûts de pétrole qui avaient balisé la piste d'atterrissage. Dans le lointain, un scintillement indique la position de l'avion immobilisé. Fantômette réduit le régime des moteurs, amène en douceur l'iceberg contre la banquise, coupe le contact. Elle redescend, trouve une parka en peau de caribou, débarque et se met à marcher vers l'avion en sifflotant l'air bien connu : *Moi, j'aime les pom-pom-pom de terre frites !*

« Je crains que mes cordes vocales ne gèlent, dans ces solitudes glacées. Qu'en pensez-vous, cher monsieur Okarina ? »

Le Japonais s'incline et répond galamment :

« Votre voix est d'une telle qualité, chère madame, qu'elle peut affronter sans crainte les pires tourments. Je suis certain que vous chanterez chez nous d'une manière incomparable !

— Vraiment ?

— Personne ne peut en douter.

— Ah ! vous me rassurez... Enfin, il y aura tout de même une bonne chose dans cette aventure. Comme nous n'avons rien à manger, je suis sûre de garder ma ligne... »

Et Maria Cariatre sourit aux autres passagers qui, eux, commencent à être sérieusement inquiets pour leur estomac. En particulier Boulotte, qui gémit affreusement :

« Ah ! Ficelle, je sens que je vais mourir dans peu de temps ! Je donnerais bien cent milliards pour un petit sandwich aux rillettes !

— As-tu cent milliards ?

— Non. Mais je n'ai pas non plus de petit sandwich aux rillettes... »

Pour tenter de se changer les idées, la grosse fille se lève, regarde à travers un hublot.

« Oh ! par exemple ! Regarde qui arrive !

— Hein ? Qu'est-ce que tu dis ?

— Là !... tu vois ? C'est Françoise ! »

Ficelle regarde par le hublot, et pousse également un cri de surprise :

« Saperliproprette ! Tu as raison, c'est Françoise ! Ah ! je comprends pourquoi elle n'était plus ici ! C'est parce qu'elle était ailleurs ! »

Les autres passagers ont vu aussi Françoise.

Les hôtesses ouvrent la porte, et font monter la jeune passagère. Ficelle se précipite.

« D'où viens-tu ? Qu'est-ce que tu as fait ? Où étais-tu ?

— Dans divers endroits, ma grande. Et j'apporte une bonne nouvelle. Il y a dans la région une station météorologique qui a été prévenue, et qui va faire venir des secours.

— Justement, le commandant Volovent est allé par là avec Œil de Lynx.

— Non, c'est un Esquimau qui a rejoint cette station.

— Je ne comprends pas... L'équipage est parti à pied, en pleine tempête, pour s'y rendre. »

Françoise fronce les sourcils.

« Ils sont partis dans la tempête ? C'est inquiétant, ça... Pourvu qu'ils ne se soient pas perdus en cours de route... Il me semble que... »

Mais on ne saura sans doute jamais ce que Françoise voulait dire. L'air s'emplit d'un puissant bourdonnement. Les passagers courent vers les hublots, craignant une nouvelle apparition des pirates. Mais ce qu'ils aperçoivent les rassure aussitôt.

Dans le ciel, trois insectes viennent d'apparaître : des hélicoptères de secours, qui descendent vers le sol. On ouvre les portes de l'avion, c'est la ruée à l'air libre. Du premier hélicoptère, on voit sortir Œil de Lynx, Volovent et ses hommes. Ils ont été recueillis au moment où la tempête s'apaisait. À bord d'un autre appareil se trouvent les aviateurs du premier avion, ceux qui séjournaient dans le village.

Mais il y a, dans le troisième, un personnage imprévu, qui se dirige tout droit vers Françoise. Il lui dit en souriant :

« Ah ! je suis heureux que cette aventure se termine bien. Tu as pu venir jusqu'ici sans difficulté ?

— Ma foi, mon cher Amarouk, j'ai eu quelques ennuis en cours de route mais,

comme tu dis, cette aventure se termine bien. Et je suis heureuse que le chasseur de ta tribu ait pu atteindre la station radio assez vite pour lancer l'alerte.

— Tu veux parler de Nanouk ? Eh bien, il n'a pas pu aller jusqu'à la station météorologique. Il se dépêchait tellement que son traîneau est tombé dans une crevasse, et il a dû revenir à notre village.

— Alors, comment la station a-t-elle été prévenue ? »

Amarouk sourit malicieusement.

« Par une certaine Fantômette. À un moment, elle a envoyé un message radio, qui a été capté par l'opérateur de la station. Il a voulu répondre, mais l'émission était coupée. Fantômette n'a plus rien dit. Enfin, l'important est que le message ait été transmis... »

Ficelle a observé la scène de loin. Elle se rapproche en ouvrant des yeux ronds, et demande à Françoise :

« Tu le connais ? C'est un vrai Esquimau ?

Un qui va en traîneau et qui habite dans un égout ?

— Oui, Ficelle, un vrai. Qui vit dans un iglou, qui fait du traîneau, qui chasse le phoque et même qui en mange. »

Boulotte s'approche, très intéressée.

« C'est bon, le phoque ? Ça a le goût de quoi ? »

Amarouk désigne l'horizon où s'étend l'océan.

« Si tu veux venir avec moi, nous ferons un trou dans la glace et nous attendrons une journée au bord de la banquise, sans bouger. Avec de la chance, quand un phoque sortira du trou, je le harponnerai et je t'en ferai manger.

— Très bien. Et pour le faire cuire ?

— Oh ! ça peut très bien se manger cru. »

Malgré la faim qui lui tenaille l'estomac, Boulotte décline l'invitation.

Chapitre 11

Youpiii !

« Allô ! Fantômette ?

— Bonjour, Œil. Quoi de neuf ce matin ?

— Une bonne nouvelle pour vous. La Banque du Canada, pour vous remercier d'avoir aidé à la récupération des cinq tonnes d'or, vous offre une prime.

— Chic ! Je vais pouvoir remettre à neuf la salle de séjour. Vous avez une idée pour la couleur ?

— Oh ! je vous fais confiance, ma chère. Mais attendez, ce n'est pas tout. Comme vous

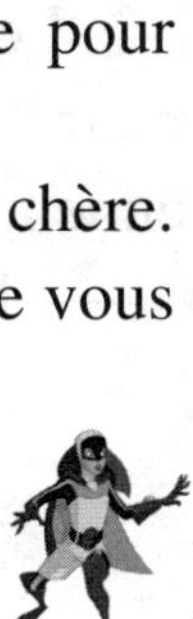

avez également permis la récupération du sire de Framboisy, une autre récompense vous est offerte par le ministère de la Peinture.

— Qu'est-ce que c'est ? Je brûle de le savoir !

— Un diplôme d'Amie des Arts, sur papier véritable.

— Oh, oh ! le ministère s'est mis en frais, on dirait ? Je le ferai encadrer, ce diplôme, et j'espère qu'on ne me le volera pas. Mais, dites-moi, puisque vous êtes au courant de tout...

— C'est mon métier, ma chère !

— Oui. Alors, vous devez savoir ce qu'est devenu le Masque d'Argent ? »

Au bout du fil, un craquement indique que le reporter vient d'enflammer une allumette destinée à sa pipe. Il explique :

« Le Masque a été arrêté et mis dans la même prison que celle où se trouve votre ennemi habituel.

— Le Furet ?

— C'est ça... Ah ! attendez une seconde ! On me passe une dépêche... Pétard de bombe ! Quand on parle du loup ! Vous ne savez pas ce que j'apprends ? Le Furet vient de s'évader...

— Quoi ? Encore ? C'est au moins sa cinquantième évasion !

— Attendez... Je lis que le Masque d'Argent a pris aussi la fuite... Décidément, ils vous filent entre les doigts comme un savon mouillé... »

Fantômette soupire :

« Allez, je vois ce que c'est ! Il va encore falloir que je fasse des pieds, des mains et de la tête pour récupérer tous ces sacripants. Quel métier ils me font faire !

— Bah ! ça vous occupe, de courir après le Furet et compagnie. Avouez que, s'ils ne s'évadaient pas tout le temps, vous auriez une vie bien terne.

— Oui, en effet. Avez-vous une autre nouvelle, mon cher Œil ?

— Encore une, qui peut vous intéresser. Savez-vous ce qu'on va faire de l'iceberg artificiel ?

— Ma foi, non. Une station météorologique, peut-être ?

— Vous n'y êtes pas ! L'iceberg vient d'être acheté par le président de la République ouest-africaine.

— Pas possible ! Et pourquoi donc ?

— Il a demandé qu'on remorque la "chose" jusqu'aux côtes de l'Afrique. De sorte que les Africains, qui n'ont jamais vu un iceberg de près — à cause du climat chaud, évidemment —, pourront se faire une idée de ce que c'est.

— En somme, c'est comme si l'on exposait des palmiers en plastique au pôle Nord pour amuser les Esquimaux ?

— Voilà ! Et de mon côté, j'ai également une grande nouvelle qui me concerne.

— Dites vite !

— Mon rédacteur en chef est tellement

satisfait de mon dernier reportage, qu'il va m'offrir une voiture neuve.

— Vraiment ?

— Si. Il me l'a promise formellement. Je dois la recevoir bientôt. Dans trois ou quatre ans. Alors, vous pensez si je suis heureux !

— Veinard ! Au revoir, Œil de Lynx !

— Au revoir, Fantômette ! »

« Dis, Françoise, est-ce qu'Œil de Machin parle de nous dans son journal ? »

Table

Dans la même collection…

Mademoiselle Wiz,
une sorcière particulière.

Mini, une petite fille
pleine de vie !

Fantômette,
l'intrépide
justicière.

Avec le Club des Cinq,
l'aventure est toujours
au rendez-vous.

Kiatovski,
le détective en baskets
qui résout
toutes les enquêtes.

Dagobert,
le petit roi
qui fait tout à l'envers.

Rosy et Georges-Albert,
le duo de choc
de l'Hôtel Bordemer.

Avec Zoé,
le cauchemar devient
parfois réalité.

Composition ***Jouve*** – 53100 Mayenne

Imprimé en France par ***Partenaires-Livres*** ®
N° dépôt légal : 11779 – mai 2001
20.20.0284.03/8 ISBN : 2.01.200284.6

Loi n° 49-956 du 16 juillet 1949
sur les publications destinées à la jeunesse